# HOW TO EAT YOUR CHRISTMAS TREE

# HOW TO EAT YOUR CHRISTMAS TREE

*Die besten Rezepte mit Kiefer, Tanne & Co. für ein nachhaltigeres Weihnachtsfest*

JULIA GEORGALLIS

ARS VIVENDI

# *Inhalt*

»Use it up,
Wear it out,
Make it do,
Or do without!«

Slogan des Amerikanischen Kriegsministeriums von 1944, der die Bevölkerung der Nachkriegszeit dazu animieren sollte, Ressourcen optimal zu nutzen und nichts zu verschwenden.

# *Einführung*

In meiner Straße, hoch oben im Norden Londons (wo ich herkomme), steht ein Haus, das so aussieht, als würde es in den Boden sinken, dabei sind es nur die Pflanzen im Vorgarten, die mit jedem Monat, den sie ignoriert werden, weiter in die Höhe schießen. Es lebt dort vermutlich niemand mehr. Das Haus ist ein Außenseiter in einer Straße voller wohlgepflegter Gärten von wohlgepflegten Hausfrauen. Unvermittelt und unvereinbar mit der Farbpalette des Hauses, die von Rost- und Senftönen dominiert wird, steht dort ein grandioser, strahlend pastellblauer Baum – eine Blaufichte –, knapp drei Meter hoch und das lebendigste Ding im ganzen Garten. Vor ein paar Jahren, an einem besonders dunklen Novemberabend, an dem das Tageslicht viel zu früh verblasste, saß ich zusammen mit einer Freundin, der Designerin Lauren Davies, in meinem Kleintransporter auf der gegenüberliegenden Straßenseite des verlassenen Hauses. Wir observierten die Blaufichte und benahmen uns dabei ziemlich ungeschickt: Ich trug einen viel zu auffälligen roten Hut und Lauren, hochschwanger, eine flauschige Jacke mit Leopardenmuster (auch nicht die beste Wahl). Als wir uns sicher waren, dass die Luft rein war, lief ich den Gartenweg hoch und betätigte den Türklopfer ein paar Mal. Niemand öffnete. Ich holte einen Seitenschneider hervor (weil wir keine Gartenschere hatten) und schnitt ein paar kratzige Zweige vom Baum ab – oberhalb des Bereichs, der von Hunden angepinkelt werden kann. Dann nahmen wir sie mit nach Hause, um sie zu essen.

In den Wochen, die diesem Zweigeklau vorausgingen, waren Lauren und ich auf unserer wahnwitzigen Mission, essbare Nadelbäume zu finden, bereits durch London und seine grüne Peripherie gefahren. Besonders erfolgreich waren wir auf einer Weihnachtsbaumplantage in Kent, wo unsere Nachfrage den Besitzer dermaßen überraschte, dass er uns Douglas- und Nordmanntannenzweige schenkte. »Schickt mir dafür einfach ein paar Rezepte!«, sagte er.

»How to Eat Your Christmas Tree ...« hatten Lauren und ich unseren baumverzehrenden Kochtreff genannt, den wir im Winter 2015 ins Leben gerufen hatten. Das war, bevor Themen wie Müll, Wiederverwendung, Recycling und Luftqualität weitläufig diskutiert wurden. Bevor das Intergovernmental Panel on Climate Change 2018 einen Bericht[1] veröffentlichte, der besagt, dass die Menschen noch etwa 12 Jahre haben, in denen der Klimawandel unter Kontrolle gebracht werden kann.[2] Bevor Politiker im britischen Parlament dem Antrag stattgaben, den Klimawandel als »Notstand« anzuerkennen.[3] Offenbar sind Bäume ein integraler Bestandteil unseres Rüstzeugs gegen den fortschreitenden Anstieg der Kohlenstoffdioxid-Emissionen, weil sie wie eine Art »Kohlenstoffdioxid-Staubsauger« wirken.[4] Im Jahr 2017 drängte

der Londoner Bürgermeister Sadiq Khan auf eine riesige Baumpflanzaktion[5], nachdem die schlechte Luftqualität der Hauptstadt aufgedeckt worden war. In jüngster Zeit gab es nach dem dramatischen Anstieg von Waldbränden im brasilianischen Amazonasgebiet[6], der eventuell mit neuen, intensiveren Abholzungsstrategien des Präsidenten Jair Bolsonaro zusammenhängt[7], einen internationalen Aufschrei. Viele sind davon überzeugt, dass es mit ausreichend Bäumen gelingen kann, den Klimawandel zukünftig besser kontrollieren zu können.[8] Vor diesen Hintergrundgeräuschen wurde unser Kochtreff Jahr für Jahr erfolgreicher, weil den Menschen bewusster wurde, wie wichtig es ist, die Umwelt zu schützen und Verschwendung zu vermeiden – besonders während der verschwenderischsten (aber auch wunderbarsten) Zeit des Jahres. Während ich dies schreibe, sehe ich die Zweige eines kahlen, braunen Weihnachtsbaums aus der Mülltonne des Pubs gegenüber hervorschauen.

*»Werfen wir einen Blick auf die Nachweihnachtszeit, die sich komplett von der Vorweihnachtszeit unterscheidet. Alles ist trostlos. Wir sind fetter. Wir sind ärmer. Wir sind noch ein bisschen verkatert. Wir müssen büßen für den Spaß, den wir hatten. Und um all dem noch die Krone aufzusetzen, beginnt die massenweise Entsorgung Millionen kleiner Bäume.«*

Werfen wir einen Blick auf die Nachweihnachtszeit, die sich komplett von der Vorweihnachtszeit unterscheidet. Alles ist trostlos. Wir sind fetter. Wir sind ärmer. Wir sind noch ein bisschen verkatert. Wir müssen büßen für den Spaß, den wir hatten. Und um all dem noch die Krone aufzusetzen, beginnt die massenweise Entsorgung Millionen kleiner Bäume. Um Weihnachten herum brachten sie noch Freude und Hoffnung, jetzt säumen nadellose Weihnachtsbäume die Straßen, werden in dunkle Hintergassen gestopft, feucht und traurig. Ich habe die leise Vermutung, dass Weihnachten so nicht zu Ende gehen sollte, und dass vielleicht auch unsere Art, Weihnachten zu feiern, nicht ganz in Ordnung ist.

Im Dezember ist alles entweder mit Zucker bestäubt oder mit Speck umwickelt und wird mit Alkohol heruntergespült. Wir werden in dieser Jahreszeit dazu ermutigt, zu konsumieren und zu essen. Irgendwie kann ich dieses Bedürfnis nach Überfluss auch verstehen, da wir in einer der nördlichsten Regionen der Erde immer das Bedürfnis hatten, während der blödesten, kältesten, dunkelsten und deprimierendsten Zeiten des Jahres etwas zu feiern. In den kärgsten Umständen schaffen wir die Gelegenheit für ausgelassene Partys. In vorchristlichen Zeiten feierten die Menschen im Norden wilde Sausen, um das Licht wieder in die Welt zu locken. Heutzutage verehren wir Plätzchen, Gans oder einen Mann, der durch den Schornstein geklettert kommt. Ursprünglich feierten unsere Vorfahren, um sich bei der Natur zu bedanken. Sie beteten die Erde, die Sonne, das Wasser, den Himmel und die Bäume an – in der Hoffnung, diese würden sie zurück in den Sommer geleiten. Besonders verehrt wurde eine Gruppe von Bäumen, die das ganze Jahr über Blätter tragen: immergrüne Bäume – heute verallgemeinernd als Weihnachtsbäume bekannt.

In unserer Gesellschaft und in anderen Kulturen weltweit wurden immergrüne Bäume verehrt, sie galten als heilige Symbole der Ewigkeit, Widerstandsfähigkeit und Stärke im Angesicht von Widrigkeiten, vor allem im tiefen Winter. Im alten Griechenland standen Pinienkerne für ewiges Leben und werden in der Region auch heute noch für Beerdigungen und Bestattungsriten verwendet. Die Apachen-Ureinwohner Amerikas und auch Druiden assoziierten Pinien und Tannen mit der Sonne. Apachen verwendeten Pinienkerne im Zuge ihrer Sonnenaufgangs-Zeremonien und Druiden verbrannten Tannen zur Wintersonnenwende, um die Sonne zu ermutigen, sich zu zeigen. In Osteuropa legte man Zweige immergrüner Bäume vor die Haustür, um böse Geister (und Schlamm) vom Haus fernzuhalten. In China, Korea und Japan sind Pinie, Pflaumenbaum und Bambus als die »drei Freunde des Winters« bekannt, denn ähnlich wie die Weihnachtsbäume im Westen sind diese Pflanzen kältebeständig, gedeihen im Winter und werden häufig mit Langlebigkeit und Ausdauer assoziiert. Wir bringen das Schmücken des Weihnachtsbaums zwar mit einem christlichen Fest in Verbindung, Bäume im Haus aufzustellen und zu schmücken geht jedoch auf einen Brauch zurück, der bereits tausende Jahre, bevor Jesus Christus überhaupt vorbeischaute, begangen wurde. Ägypter, Griechen, Altsachsen, Wikinger und Römer schmückten ihre Häuser im Zuge ihrer Winterrituale mit Oliven, Tannen, Fichten und Pinien.

Weihnachtsbäume sind also eine ziemlich große Sache. Wir haben sie schon vor langer Zeit ins Herz geschlossen. Gleichzeitig haben wir heutzutage nicht mehr viel Liebe für sie übrig. Sie sind zu Konsumgütern der Weihnachtszeit geworden, werden als entbehrliche Nutzpflanze gesehen, die man nur ein paar kurze Wochen lang zu schätzen weiß, um sie dann für den Rest des Jahres zu vergessen. Der Versuch, seinen Weihnachtsbaum zu essen, ist nicht nur eine Möglichkeit, die sowieso kurze Haltbarkeit von etwas zu verlängern, das schnell zur Wegwerfware geworden ist, sondern auch eine gute Gelegenheit, zu hinterfragen, ob Weihnachtsbäume wirklich nötig sind.

Um ehrlich zu sein, mussten wir hart arbeiten, um aus immergrünen Nadelbäumen etwas Köstliches zu zaubern. Lauren und ich pürierten, hackten, zerstießen und frittierten. Wir brühten ein paar Piniennadeln auf und das Ergebnis schmeckte wie Pipi. Wir machten seltsame, nach Gras schmeckende Schottische Eier, nach denen uns so richtig übel wurde. Wir frittierten panierte Tannennadeln – mit desaströsen Konsequenzen. Aber irgendwann hatten wir es raus: Wir pökelten, räucherten, gossen auf, backten, machten ein und kamen so zu einer Handvoll köstlicher Rezepte mit Nüssen, Beeren und Nadeln. Inspirationen für diese Sammlung an Gerichten holten wir uns aus allen möglichen Regionen, in denen immergrüne Nadelbäume wachsen: Aus Skandinavien, dem Balkan, Südeuropa, dem Nahen Osten und Asien. Als Bäckerin und Köchin ist es mir besonders wichtig, Essen nicht nur als Weihnachtsspielerei oder Teil der Klimawandel-Agenda zu produzieren – in diesem Kochbuch steht Geschmack an erster Stelle. Außerdem machte es keinen Sinn, Rezepte zusammenzustellen, die an Astrophysik grenzten und von Hobbyköchen zu Hause mit dem eigenen, welkenden Baum kaum realisierbar sein würden. Alle Rezepte in diesem Buch sind nicht nur köstlich, sondern auch in der eigenen Küche umsetzbar.

Ich mache mir keine Illusionen, dass das Kochen mit Nadelbäumen abschmelzende Polkappen wieder zufrieren lässt oder Wasserschildkröten retten wird. Doch schließlich ist unser Magen unser zweites Gehirn[9] und Essen bringt uns häufig dazu, über Dinge nachzudenken, die wir eigentlich nicht auf dem Schirm haben. »Wir brauchen nicht eine Handvoll Menschen, die perfekt nachhaltig leben, sondern Millionen von Menschen, die es imperfekt tun«, schrieb Zero-Waste-Köchin Anne-Marie Bonneau.[10] Und darum geht es beim Essen des Weihnachtsbaums – wenn wir glauben, dass etwas gerettet oder wiederverwendet werden kann, dann sollten wir es versuchen! Auf den Infografiken auf den Seiten 24–25 hebe ich hervor, was passieren könnte, wenn wir mit dem Fällen von Weihnachtsbäumen aufhören würden. Gibt es andere Möglichkeiten, Weihnachten zu feiern? Könnten wir stattdessen unsere Zimmerpflanzen schmücken? (Schon mal vom Weihnachtskaktus gehört?) Gibt es eine Zukunft, in der wir den schneller wachsenden und nachhaltigeren Bambus als Weihnachtsbaumalternative verwenden? Ich möchte euch wirklich ermutigen, neugierig und abenteuerlustig zu sein, bevor ihr etwas entsorgt (und ich spreche hier nicht nur von Weihnachtsbäumen). Ist Umpflanzen möglich? Kann es für die Haut, als Haushaltsreiniger oder Badezusatz verwendet werden? Essen statt wegwerfen? Ich will der Weihnachtszeit wirklich nicht die Freude nehmen oder vorschlagen, dass wir unser gesamtes Leben damit verbringen, alles bis auf den letzten Tropfen aufzubrauchen. Eventuell tun wir unserer Umwelt (und unserer Geldbörse) jedoch einen Gefallen, wenn wir uns Gedanken darüber machen, warum ein Objekt ursprünglich auftauchte und wie man beim Entsorgen mehr Spaß haben und nachhaltiger sein kann.

Jetzt bleibt mir nur noch zu sagen, dass ich hoffe, dass ihr diese Sammlung von Rezepten ebenso genießt, wie ich es in den vergangenen Wintern genossen habe, sie zu servieren.

Viel Spaß beim Experimentieren!

JULIA GEORGALLIS

# Bevor es losgeht

## Zu den Rezepten

In den Rezepten aus diesem Buch verarbeite ich Tannen, Fichten und Pinien. Diese drei Pflanzen schmecken unterschiedlich, sind in den Rezepten, in denen sie auftauchen, aber austauschbar. Allerdings macht es einen Unterschied, ob man z. B. im Rezept für die Weihnachtsbaum-Apfel-Geleehappen (siehe S. 50) Blaufichte oder Grautanne verwendet. Das jeweilige Ergebnis schmeckt ganz anders. Tanne, Fichte und Pinie sind die am häufigsten gekauften und verlässlichsten essbaren Nadelbäume. Man kann ihre Nadeln essen und die Rinde beim Kochen verwenden, roh schmecken sie allerdings nicht besonders angenehm (sind aber auch nicht giftig). Im Abschnitt zu den Baumsorten (siehe S. 29–39) nenne ich auch Pflanzen, die unter Umständen nachhaltiger sind (Wacholder und Bambus wachsen deutlich schneller als Koniferen und für das Anpflanzen muss weniger Energie aufgebracht werden) und eine den Weihnachtsbäumen ähnliche kulturelle Bedeutung haben. Außerdem habe ich eine Liste spezieller Küchenwerkzeuge zusammengestellt, die für einige Rezepte benötigt werden.

## Wie finde ich einen guten Baum zum Essen?

Weihnachtsbäume sind Kulturpflanzen, vergleichbar mit Apfel- oder Orangenbäumen. Ganz gleich, ob man sie verzehren möchte oder nicht, sollte man beim Einkauf darauf achten, dass beim Anbau so wenig Chemikalien wie möglich eingesetzt wurden, dass auf faire Praktiken geachtet wurde und dass es sich um regionalen und/oder nachhaltigen Anbau handelt. In jüngster Zeit gab es Berichte, dass Züchter und Landarbeiter in einigen Teilen der Welt, z. B. Georgien[1], beim Fällen der Weihnachtsbäume unter schlechten und gefährlichen Bedingungen arbeiten müssen. Außerdem sind mir in den letzten paar Jahren einige Weihnachtsbäume begegnet, die mit Chemikalien und manchmal sogar Farbe und Glitzer besprüht worden waren – das ist nicht nur schlecht für die Umwelt, diese Bäume dürfen auch auf keinen Fall gegessen werden. Es ist relativ einfach, online nachhaltige Weihnachtsbäume zu finden – auf Seite 126 findet ihr eine Liste verlässlicher Anbieter (und ich bin mir sicher, dass es davon noch viel mehr gibt). Ihr könntet euch auch nach Weihnachtsbäumen zum Mieten umschauen, die nach den Feiertagen zurückgegeben und wieder eingepflanzt werden. Wenn möglich, kauft einen lebendigen Baum und pflanzt ihn nach Weihnachten wieder ein, um ihn im nächsten Jahr erneut zu verwenden (wenn ihr nicht schon alle Nadeln verzehrt habt und ihr einen Ort habt, an dem ihr ihn einpflanzen könnt).

## Baumnadeln vorbereiten

Die Nadeln von Tannen, Fichten und Pinien sind unter Umständen sehr scharf, also muss man beim Kochen aufpassen, sich die Finger nicht daran zu verletzen. Man braucht eine große, scharfe Schere und eine große Schüssel: Ein paar der längeren Zweige vom Baum schneiden. Diese unter fließendem kalten Wasser abspülen, um Reste von Schlamm und Dreck zu entfernen. Eventuell sind ein paar Tropfen getrocknetes Harz zu sehen, dieses ist jedoch genießbar, ebenso wie die getrockneten Knospen, die man manchmal an den Zweigspitzen findet. Dann nacheinander jeden Zweig kopfüber in die Schüssel halten, sodass die Nadeln ein Chevron-Muster ergeben. Diese dann mit der Schere von unten her abschneiden, sodass sie direkt in die Schüssel fallen. Ich wasche die abgeschnittenen Nadeln vor der Verwendung dann in der Regel noch einmal.

## Wird es mich umbringen?

Wenn ihr euch an Pinien, Fichten und Tannen haltet, nein. Allerdings gibt es auch andere Nadelbäume, die als Weihnachtsbäume verwendet werden, z. B. Zeder und Zypresse, die beide ungenießbar sind. Eiben werden manchmal mit Weihnachtsbäumen verwechselt, sind aber UNHEIMLICH GIFTIG und dürfen auf keinen Fall gegessen werden. Wie auch beim Pilzesuchen gilt, dass ihr eine Pflanze eindeutig identifiziert haben müsst, bevor ihr sie kostet. Außerdem muss erwähnt werden, dass alle Weihnachtsbaumnadeln scharf sind und dass man sie weder roh noch im Ganzen essen sollte – sie sind ein bisschen so wie Fischgräten und genauso gefährlich. Darüber hinaus möchte ich noch darauf hinweisen, dass aus Tanne, Fichte oder Pinie gewonnenes ätherisches Öl nicht zum Verzehr empfohlen wird – verwendet es als Duft oder für eine gute Massage.

## Gläser sterilisieren

Für einige Rezepte müssen Einmachgläser (z. B. Weckgläser) keimfrei gemacht werden. Dafür gibt es zwei Möglichkeiten: Entweder man spült das (am besten recycelte) Glas in heißem Wasser mit Spülmittel und lässt es dann mindestens 20 Minuten im 100 °C heißen Ofen trocknen. Oder man wäscht die Einmachgläser einfach mit einem heißen Programm in der Spülmaschine. So simpel ist das, und es wird verhindert, dass Fermente oder Eingemachtes schimmelig werden.

# *Eine Anmerkung zur pflanzenbasierten Ernährung*



In diesem Buch geht es um das Wiederverwenden, um Recycling und Einfallsreichtum – drei wichtige Elemente der Nachhaltigkeit. Es gibt viele weitere Möglichkeiten für ein umweltfreundlicheres Leben, z. B. weniger fliegen, häufiger den öffentlichen Nahverkehr nutzen, Fast Fashion vermeiden, natürliche Haushaltsmittel und Kosmetika verwenden – und genau darauf zu achten, wie wir uns ernähren. Der Verzehr tierischer Produkte schadet unserem Planeten mehr als der Weihnachtsbaumanbau. Viehzucht nimmt mehr Platz und Energie in Anspruch und setzt Treibhausgase wie Methan frei, die zum Klimawandel beitragen. Mit diesem Wissen im Hinterkopf werdet ihr euch vielleicht fragen, warum dies kein pflanzenbasiertes Kochbuch ist. Die nicht-vegetarischen Rezepte stammen aus früheren, fleischlastigeren Tagen des *How-To-Eat-Your-Christmas-Tree*-Projektes und ich habe sie mit in das Buch übernommen (in einigen Fällen mit Hinweisen auf vegane/vegetarische Alternativen), weil sie einfach unglaublich lecker sind. Trotzdem möchte ich euch ans Herz legen, diese Rezepte (und den Konsum tierischer Produkte im Allgemeinen) mit Bedacht anzugehen.

Genauso wie ich Behandlung, Herkunft und Einkauf von Weihnachtsbäumen erwähnt habe, würde ich mir auch wünschen, dass wir achtsamer sind, wenn es um den Konsum von Fleisch, Fisch und Milchprodukten geht. Wenn möglich, kauft immer die beste Qualität, die ihr euch leisten könnt. Unter Umständen bedeutet das, weniger zu kaufen. Für die Umwelt ist es aber ein positiver Schritt. In einer Welt, die mitten in einer Identitätskrise steckt, was Lebensmittel und Landwirtschaft betrifft, ist es eine Notwendigkeit, regionale und saisonale Bioprodukte von Kleinbauern und Fischern zu wählen, die die Umwelt mit Respekt behandeln. Ich will damit nicht sagen, dass ihr euer Essen nicht genießen könnt. Im Gegenteil! Doch werden wir alle gut daran tun, unsere Kulturpflanzen und Nutztiere als unentbehrlich zu betrachten, und zu verstehen, dass unsere Umwelt für unser Verhalten einen höheren Preis zu zahlen hat, als uns in der Vergangenheit bewusst war.

# *Weihnachten nachhaltiger gestalten*

## *Auf Geschenkpapier verzichten*

Verwendet kein Geschenkpapier und recycelt eure Weihnachtskarten bzw. verschickt E-Cards. Kontaktiert eure Stadtverwaltung, um euch für ein schlüssigeres, nachhaltigeres und effizientes Recyclingprogramm nach Weihnachten einzusetzen. Dazu gehört, dass besser darüber informiert wird, wie Weihnachtsbäume, Papier, Lebensmittel und die häufig vergessenen Batterien (von denen wir in der Weihnachtszeit SEHR VIELE verwenden) recycelt werden können.

## *Brauchen wir den Baum überhaupt?*

Die Frage scheint keinen Sinn zu machen, da dies ein Buch über den Verzehr von Weihnachtsbäumen ist. Trotzdem ist es vielleicht die Lösung, Weihnachten in anderer Form zu feiern. Wie wäre es z. B., den Baum auf eine Tafel oder ein großes Stück Papier zu zeichnen oder einen Weihnachtsbaum aus verschiedenen, recycelten Materialien selbst zu basteln? Statt Bäume zu fällen und zu kaufen, könnte man sich auch mit den Betreibern der lokalen Weihnachtsbaumplantage in Verbindung setzen und darum bitten, den gekauften Baum stehen zu lassen. Ihr könntet die Patenschaft für einen Baum übernehmen oder eine richtig gute Baumpflanzaktion finanziell unterstützen – oder körperlich, indem ihr ein Wochenende an der frischen Luft mit dem Baumpflanzen verbringt. Es stimmt, das alles macht mehr Aufwand als einfach im Baumarkt einen Baum zu kaufen – für die Umwelt macht es aber einen positiven Unterschied.

## *Vegetarische Weihnachten*

Für Nutztiere ist Weihnachten definitiv keine schöne Zeit. Im Vereinigten Königreich wurden im Jahr 2016 am ersten Weihnachtsfeiertag schätzungsweise 10 Millionen Truthähne bzw. Puten gegessen. Inzwischen sind vegetarische Weihnachten hier in Großbritannien im Trend – im Jahr 2019 waren sie um 25 Prozent gestiegen. Wenn ihr euch Weihnachten ohne Fleisch nicht vorstellen könnt, ist das kein Problem, achtet aber bitte darauf, dass es sich um Fleisch von Tieren aus nachhaltiger und artgerechter Haltung handelt. Und sorgt nach eurem Fleischfest für Ausgleich, indem ihr für den Rest der Feiertage – oder sogar für den Rest des Jahres – insgesamt weniger tierische Produkte konsumiert.

## *Weniger ist mehr*

Statt viele kleine Dinge zu kaufen, schenkt euren Lieben besser nachhaltige und/oder gemeinnützige Geschenke. Oder verzichtet komplett auf physische Geschenke und spendet das gesparte Geld einem Wohltätigkeitsverein oder kauft bzw. organisiert eine gemeinsame Unternehmung. Lieferungen und Online-Einkäufe tragen massiv zum $CO_2$-Ausstoß bei, also versucht, Geschenke in einem Geschäft vor Ort oder von einem regionalen Produzenten persönlich zu kaufen.

## *Neujahrsvorsätze*

Wenn wir die allgemeine weihnachtliche Überdosis hinter uns haben, ist es Anfang des Jahres Zeit, etwas aufzugeben. Statt unrealistischen persönlichen Vorsätzen, könnte man etwas für die Umwelt tun: Wie wäre es mit einem plastikfreien Haushalt, möglichst wenig Flugreisen, nur einmal in der Woche Fleisch oder Fisch zu essen ... So ist die Energie vielleicht besser investiert.

# Weihnachtsbäume wiederverwerten

**Statt den Weihnachtsbaum still und leise vor die Haustür zu stellen und zu hoffen, dass er bald von der Müllabfuhr abgeholt wird, kann man ihn auch aktiv auf eine nachhaltigere Art und Weise entsorgen – und dem Baum dabei eventuell sogar ein zweites Leben ermöglichen …**

## Fünf Möglichkeiten zum Recycling von Weihnachtsbäumen

1. Selbst aktiv werden und die Stadt-/Gemeindeverwaltung kontaktieren, um zu fragen, wie man den Baum am besten recyceln kann.
2. Die nächste Weihnachtsbaumplantage kontaktieren und fragen, ob sie abholen und recyceln. Der Anbauer, der mich mit essbaren Bäumen versorgt, verarbeitet unverkaufte Bäume zu Mulch, der als Düngemittel verwendet wird. Außerdem baut er aus alten Weihnachtsbäumen Hindernisse zum Springreiten (ja, das habt ihr richtig gelesen) für einen Pferdehof in der Nähe.
3. Spendet den Baum an einen Zoo, Safari-Park oder Bauernhof in eurer Nähe, zum Fressen oder Spielen für die Tiere.
4. Kauft einen echten Weihnachtsbaum im Topf und pflanzt ihn nach Weihnachten draußen ein. Ich lebe in einem Apartment, also sind meine Weihnachtsbäume in den letzten Jahren immer in den Garten meiner Mutter umgesiedelt. Wenn ihr selbst keinen Platz zum Einpflanzen habt, fragt doch einfach bei eurer Gemeinde-/Stadtverwaltung nach, ob es in der Nähe eine Parklandschaft gibt, die von ein paar neuen Bäumen profitieren würde. Oder fragt Nachbarn mit Garten, ob sie Interesse an eurem Baum hätten.
5. Trocknet die Zweige und macht Winterdekorationen daraus bzw. verwendet sie im nächsten Jahr als Adventskranz oder Weihnachtsbaum. Wenn ihr keine Zeit oder Lust auf diese Option habt, könnt ihr euch ja an einen Floristen wenden und fragen, ob er Interesse hat.

## *Wie man seinen Weihnachtsbaum wieder einpflanzt*

1. Es können nur Weihnachtsbäume umgepflanzt werden, deren Wurzelsystem noch intakt ist. Gefällte Bäume wachsen nicht mehr.
2. Bevor der Baum draußen eingepflanzt wird, muss er sich erst an die Außentemperaturen gewöhnen, schließlich hat er mehrere Wochen im Warmen verbracht. Den Baum an einem kühlen Ort stehen lassen, z. B. in der Nähe einer zugigen Tür oder in der Garage. Allerdings muss darauf geachtet werden, dass er ausreichend Liebe und Sonnenlicht bekommt - lasst ihn nicht einfach in einem dunklen, einsamen Flur stehen. Der Baum muss einmal die Woche gegossen werden. Falls ihr in einer besonders kalten Gegend wohnt, wo der Winter bis in den März dauert, lasst den Baum drinnen, bis der Frühling wirklich da ist. Bei eher mildem Klima könnt ihr ihn schon Ende Januar nach draußen stellen.
3. Wenn die Zeit zum Einpflanzen gekommen ist, wählt einen geeigneten Platz für den Baum aus. Dieser sollte nicht zu nahe am Haus oder bei großen Bäumen sein, damit der Baum ausreichend Sonnenlicht bekommt und Platz hat.
4. Grabt ein Loch, das so tief ist wie der Wurzelballen, und doppelt bis dreimal so breit. Stellt den Baum mittig hinein und schaufelt die Erde wieder über die Wurzeln. Fest andrücken.
5. Da Bäume in der Regel in eine Art Winterstarre verfallen, müsst ihr euren umgepflanzten Weihnachtsbaum nicht oft gießen. Wenn das Wetter wärmer wird, fügt mehr Kompost zu und gießt den Baum häufiger.
6. Wenn sich der Baum an sein neues Zuhause gewöhnt hat, ist eine Möglichkeit, ihn von nun an jedes Jahr draußen zu schmücken. Dann hat man auch bei kaltem Wetter mehr Grund, öfter mal in den Garten zu gehen. Noch nachhaltiger wird das Ganze, wenn man auf Plastik- und Glasdeko verzichtet und stattdessen Dinge an den Baum hängt, die gleichzeitig als Vogelfutter dienen (siehe S. 23).

# Weihnachtsbaumtriebe

**Hier möchte ich kurz die Weihnachtsbaumtriebe erwähnen, die später im Aufsatz »Skandinavische Geschmacksknospen« (siehe S. 121–123) eine Rolle spielen. Wer sich für den Anbau des eigenen Weihnachtsbaums entscheidet, den erwartet im Frühling ein besonderes Vergnügen, wenn die frischen, grünen Triebe sprießen. Man kann sie vom Baum knipsen, waschen und direkt genießen! Ihr könnt sie z. B. unter Salate mischen oder statt der Nadeln im Rezept für das Weihnachtsbaum-Ingwer-Eis verwenden (siehe S. 86). Sie sind köstlich!**

# Vogelfutter-Weihnachtsbaumdeko

**Statt Lametta, energieintensive Lichterketten und nicht-recyclebare Plastikkugeln als Baumdeko zu verwenden, warum nicht biologisch abbaubare und potenziell sogar ESSBARE Dekorationen selbst machen? Hier ein Rezept für richtig gutes Vogelfutter.**

**ERGIBT** ausreichend Kugeln für einen 1,5 m hohen Weihnachtsbaum

**DAUER** 30 Minuten, plus Trocknungszeit über Nacht

**AUSSTATTUNG** bunte Fäden und 1 Zahnstocher

**ZUTATEN**
- 3 EL Agavendicksaft
- 2 TL Xanthan oder vegetarisches Geliermittel
- 60 g Mehl (Roggen-, Vollkornweizen-, Dinkel- und Maismehl sind gut geeignet)
- 50 g Trockenfrüchte nach Belieben
- 100 g Kerne und Samen (z. B. Mischung aus Kürbiskernen, Sesamsamen, Sonnenblumenkernen und Leinsamen)

**ZUBEREITUNG** In einem kleinen Topf den Agavendicksaft und 60 ml Wasser zum Kochen bringen.

Herdplatte ausschalten und das Xanthan unterrühren, bis es vollständig aufgelöst ist. Die kochend heiße Flüssigkeit über das Mehl gießen und zu einer Paste verrühren.

Trockenfrüchte und Kerne untermengen, bis eine klebrige Mischung entstanden ist.

Den Ofen auf 100 °C vorheizen und ein Backblech mit Mehl bestäuben, damit die Deko nicht daran haften bleibt.

Kleine Portionen zu Kugeln rollen oder die Masse auf der Arbeitsfläche ausbreiten und Formen nach Belieben ausstechen. Mit dem Zahnstocher in jede Form oben ein kleines Loch stechen und auf das vorbereitete Backblech setzen.

Im Ofen 1 Stunde backen und über Nacht trocknen lassen. Dann Fäden durch die gestochenen Löcher ziehen, an denen man sie dann an den Weihnachtsbaum oder in den Garten hängen kann.

# Wenn wir keine Weihnachtsbäume mehr fällen würden ...

**Näheres zu den Statistiken siehe S. 129.*

Weltweit gibt es schätzungsweise **3 Billionen** Bäume.

**170 Milliarden** Bäumen droht die Zerstörung.

Im Vereinigten Königreich und in den USA werden um die Weihnachtszeit jährlich ca.

**40 Millionen**

Bäume gefällt.

Weihnachtsbäume werden in der Regel nach **7–10 Jahren** Wachstum gefällt, die durchschnittliche Lebenserwartung von Bäumen liegt aber bei **400 Jahren**.

Würden wir in einem Jahr keine Weihnachtsbäume abholzen und ließen sie stattdessen weiter wachsen, könnten sie während ihrer Lebensspanne über

**880.000.000 Tonnen**

$CO_2$-Emissionen aus der Atmosphäre speichern – und das täte der Umwelt richtig gut.

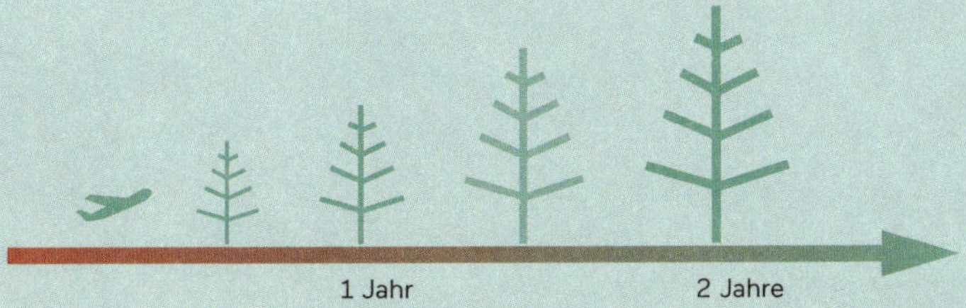


Vergleichbar wäre dies mit dem Verbot des weltweiten Flugverkehrs für ein gutes Jahr oder einem 5 Jahre dauernden Autofahrverbot im Vereinigten Königreich ...

# *Weihnachts-baumarten*

# Geschmacksprofile & Weihnachtsbaumalternativen

**Hier eine Liste von Bäumen, die in diesem Kochbuch verarbeitet werden. Einige werden euch vielleicht überraschen ...**

## Bambus

**Familie:** Poaceae (Süßgräser)
**Verwendung:** Sprossen und Stamm sind genießbar. Darüber hinaus kann der Stamm als Werkstoff verwendet werden.

An erster Stelle gleich eine seltsame Wahl in einem Buch über das Kochen mit Weihnachtsbäumen. Aber ... Bambus ist tatsächlich einer der »drei Freunde des Winters« – Pflaumenbaum, Pinie und Bambus. Kulturell repräsentiert dieses Trio in der chinesischen, koreanischen und japanischen Folklore eine den Nadelbäumen ähnliche Gruppe. Bambus ist ein Symbol für Widerstandsfähigkeit und üppiges Wachstum. Eigentlich könnte diesem vielseitigen, immergrünen Gras ein ganzes Buch gewidmet werden, da man so viel damit machen kann – vom Lebensmittel bis zu Baumaterialien. Würden wir Bambus anstelle von Tannen oder Fichten als Weihnachtsbaum verwenden, wären wir wahrscheinlich besser dran, da Bambus zu den am schnellsten wachsenden Pflanzen der Erde gehört und sein Anbau viel weniger Energie verbraucht.

### *Vorsicht*

**Zypressen & Zedern**

Diese Bäume werden häufig als Weihnachtsbäume verkauft, sind beide aber ungenießbar und dürfen NICHT verzehrt werden.

## *Wacholder*

**Familie:** Cupressaceae
**Verwendung:** Wacholderbeeren werden weitverbreitet beim Kochen verwendet und sind eine wichtige Zutat bei der Gin-Produktion.

Für Wacholder spricht so einiges. Die Bäume wachsen überall – von der Arktis bis nach Afrika. In der Regel werden sie zwar nicht als Weihnachtsbäume verwendet (was vielleicht daran liegt, dass sie seltsam wachsen), sehen Weihnachtsbäumen aber sehr ähnlich. Symbolisch haben sie auch eine ähnliche Bedeutung: Es sind widerstandsfähige, tapfere Pflanzen, die im Angesicht widriger Umstände Durchhaltekraft zeigen. Ihre kleinen spitzen Nadeln geben nicht viel Geschmack, dafür werden die violetten Beeren zum Kochen und in pflanzlichen Arzneimitteln verwendet. Sie sind eine wichtige Komponente von Gin und haben einen pfeffrigen, floralen Geschmack. In diesem Kochbuch kommen Wacholderbeeren häufig zum Einsatz. Man könnte meinen, das wäre Schummeln, aber ihr Geschmack ist unglaublich vielseitig und passt zu fast allem – von salzigen, fleischigen Gerichten bis hin zu klaren, fruchtigen Aromen. Der volkstümliche Gebrauch von Wacholderbeeren reichte vom Mittel gegen Bandwürmer bis hin zum Aufpeppen von Liebestränken.

## *Tannen*

**Familie:** Pinaceae
**Baumarten:** Edeltanne, Balsamtanne, Douglastanne, Nordmanntanne, Canaan-Tanne, Fraser-Tanne, Grautanne, Küstentanne oder Korea-Tanne
**Verwendung:** Nadeln für Aufgüsse

Tannenbäume gehören im Vereinigten Königreich zu den am häufigsten verwendeten und beliebtesten Weihnachtsbäumen. Ihre Nadeln sind federartig angeordnet, die nur langsam austrocknen oder abfallen. Ihr frischer, grasähnlicher Geschmack passt gut zu klaren Zitrusaromen und sie werden z. B. in alkoholischen Getränken verarbeitet. Gut herumgekommen sind Tannenbäume auch: Sie wachsen auf dem amerikanischen Kontinent, in Europa, Nordafrika und Asien. Die Kelten zählten Tannen zu den neun heiligen Bäumen und verwendeten sie für wichtige Zeremonien.

## Olivenbäume

**Familie:** Oleaceae
**Verwendung:** Die Blätter werden in Zeremonien verwendet und gegessen, Öl und Früchte sind Zutaten beim Kochen.

Meiner Meinung nach sind Olivenbäume die besten Weihnachtsbäume überhaupt. Oliven wachsen in wärmerem Klima, etwa Südeuropa und dem Nahen Osten, und galten früher als Symbol für ewiges Leben. Zwar handelt es sich nicht um Nadelbäume und geschmückt mit Weihnachtsbaumkugeln und Lichterketten sehen sie nicht so gut aus wie Koniferen, aber immerhin sind Oliven immergrüne Bäume und haben kulturell eine ähnliche Bedeutung: Sie gelten als Symbol für Standhaftigkeit und Widerstandsfähigkeit in widrigen (in diesem Fall heißen, trockenen) Umständen. Olivenöl ist eine Grundzutat in vielen Küchen Europas, des Nahen Ostens und Zentralasiens – es ist das Elixier des Lebens, gut bekannt für seine verjüngenden Eigenschaften. Es hat einen rauchigen, warmen Geschmack und ist am Gaumen beinahe cremig. Olivenblätter werden nicht so häufig verwendet, können aber als Tee aufgegossen oder wie Kräuter verwendet werden. Sie haben einen holzigen Geschmack. Die Früchte sind salzig, fleischig und es gibt sie in vielen Größen und Farben.

## Pflaumenbaum

**Familie:** Rosaceae
**Verwendung:** Essbare Früchte

Ein weiterer seltsamer Kandidat für ein Buch über den Verzehr von Weihnachtsbäumen! Dabei gehört der Pflaumenbaum auch zu den »drei Freunden des Winters«: Pflaume, Pinie und Bambus. In der chinesischen, koreanischen und japanischen Folklore repräsentieren die drei eine den Nadelbäumen ähnliche Gruppe. Der Pflaumenbaum steht für Hoffnung und Durchhaltevermögen. Die Menschen schätzen diese mutigen und schlauen kleinen Pflanzen schon lange, denn Pflaumenbäume gehörten zu den ersten Obstbäumen, die domestiziert wurden. Der Geschmack der Früchte reicht von süß bis sauer und Pflaumen werden sowohl in herzhaften als auch in süßen Gerichten verwendet.

## Pinien

**Familie:** Pinaceae
**Baumarten:** Afghanische Kiefer (Eldarica-Kiefer), Schwarzkiefer, Rotkiefer, Weymouth-Kiefer, Waldkiefer, Küstenkiefer, Gelbkiefer oder Virginia-Kiefer
**Verwendung:** Kerne werden zum Kochen verwendet, Nadeln für Aufgüsse.

Pinienbäume sind fast in der ganzen nördlichen Hemisphäre zu finden – ihr Duft ist die Definition von Weihnachten. Der Geschmack von Piniennadeln ist nicht besonders intensiv, aber Pinienkerne, die aus der Mitte neu gebildeter Pinienzapfen stammen, sind unglaublich vielseitig und beliebt beim Kochen. Sie haben einen warmen, öligen und holzigen Geschmack und verleihen Gerichten eine wunderbar cremige Dimension. Pinien haben im Volkstum weltweit eine sehr lange Geschichte. Die alten Ägypter und Griechen verwendeten sie in Bestattungsritualen, da sie mit dem ewigen Leben assoziiert wurden. Pinienkerne wurden von den alten Griechen und amerikanischen Ureinwohnern als Fruchtbarkeitsamulette verwendet. In Zentralasien galten Pinienwälder als heilige Orte für schamanische Heilung und Andacht. Sowohl Druiden als auch Ureinwohnerstämme in Zentralamerika verwendeten Pinien in ihren heiligen Sonnenzeremonien.

## Fichten

**Familie:** Pinaceae
**Baumarten:** Gemeine Fichte, Blaufichte, Weißfichte, Black-Hills-Fichte, Stechfichte oder Serbische Fichte
**Verwendung:** Nadeln werden für Aufgüsse und zum Aromatisieren verwendet, frische Triebe können verzehrt werden.

Ich finde, die Blaufichte ist der köstlichste unter den Weihnachtsbäumen. Nadeln und Knospen haben ein unglaublich intensives, florales Aroma, das an Vanille und Orange erinnert. Gemeine Fichte und Blaufichte werden gerne als Weihnachtsbäume genommen, aber ihre Nadeln sind scharf und fallen schnell ab, sobald die Bäume gefällt sind. Kauft lieber einen Baum mit Wurzeln im Topf und pflanzt ihn nach Weihnachten in den Garten, sodass man im Frühling die Triebe genießen kann. Fichten findet man in den kühleren Regionen der Erde – vor allem in der nördlichen Hemisphäre. Einer der ältesten Bäume weltweit ist übrigens eine Fichte: Der Baum heißt Old Tjikko und lebt seit etwa 9550 Jahren in Schweden.

# *Weihnachtsbaumalternativen pflanzen*

**Nicht alle von uns haben einen Garten, der groß genug für einen Weihnachtsbaum ist, denn viele Nadelbäume können potenziell gigantisch werden. Wenn Platz ein Problem ist oder ihr einfach Spaß daran habt, drinnen eure eigenen Pflanzen anzubauen, könnt ihr es mit einer dieser Weihnachtsbaumalternativen probieren …**

## *Bambus*

**Wo einpflanzen:** In Erde (drinnen oder draußen), außerdem kann er bis zu 2 Jahre in einer Vase mit Wasser aufbewahrt werden
**Wann einpflanzen:** Im Frühjahr
**Wo kaufen:** Den Wurzelstock in einer guten Gärtnerei

Bambus ist das asiatische Äquivalent zum traditionellen Weihnachtsbaum und steht für Langlebigkeit, Durchhaltekraft und Hoffnung in harten Zeiten. Die Pflanzen gedeihen in unterschiedlichem Klima gut und die meisten Spezies sind sehr robust. Rhizome (Wurzelstöcke) sind die holzigen unteren Teile der Bambuspflanzen. In einer Vase mit etwas Wasser sehen sie hübsch aus und wachsen 2 bis 3 Jahre sogar ohne Erde weiter. Oder man pflanzt sie ein, am besten im Frühjahr, entweder drinnen oder draußen. Doch Vorsicht: Bambus wächst schnell und invasiv. Um zu verhindern, dass er außer Kontrolle gerät, gräbt man rundherum einen 20 cm breiten Graben oder lässt ihn im Topf.

**Anleitung zum Anpflanzen von Bambus-Rhizomen**

1. Ein Loch graben, das doppelt so tief ist wie der Wurzelballen.
2. Den Bambus in das Loch senken und die Wurzel am Boden des Rhizoms mit Erde bedecken, sodass sie fest im Boden sitzt.
3. Bambus verträgt feuchtes Erdreich, durchnässten Boden hingegen nicht und auch in sehr trockener Umgebung gedeiht er sehr schlecht, also muss man auf die richtige Balance achten. Im Frühling und Sommer muss Bambus regelmäßig gegossen werden, im Herbst und Winter ist das nicht so wichtig, weil er vom Herbst bis zum Beginn des Frühlings in Winterruhe ist.

## *Wacholder*

**Wo einpflanzen: Draußen**
**Wann einpflanzen: Ganzjährig**
**Wo kaufen: Setzlinge** sind online erhältlich

Wacholder ist ein festlicher, immergrüner Baum, der das ganze Jahr über angepflanzt werden kann. Für Gärten ist er fantastisch geeignet, da Vögel die Beeren naschen und die Pflanze auch für Laien unkompliziert anzubauen ist. Die Beeren können außerdem geerntet, getrocknet und in einigen Rezepten aus diesem Buch verwendet werden. Wacholder verträgt die meisten Böden, braucht aber einen guten Abfluss. Während das Bäumchen wächst, muss es immer mal wieder zurückgeschnitten werden, damit der Wuchs nicht außer Kontrolle gerät.

**Anleitung zum Anpflanzen von Wacholder-Setzlingen**
1. Ein Loch graben, das doppelt so tief ist wie der Wurzelballen. Den Setzling vorsichtig in das Loch senken und mit Erde bedecken.
2. Im ersten Monat braucht der Setzling etwas mehr Liebe und Aufmerksamkeit und muss zwei- bis dreimal pro Woche gegossen werden. Dann kann man ihn in Ruhe lassen und muss nur darauf achten, dass er es nicht zu feucht hat.

## *Olivenbaum*

**Wo einpflanzen: Drinnen** oder draußen
**Wann einpflanzen: Ganzjährig** – solange der Boden nicht gefroren ist
**Wo einkaufen: Bäume** und Setzlinge sind online erhältlich

Entgegen dem allgemeinen Glauben gedeihen Olivenbäume auch in kühlerem Klima – tatsächlich brauchen sie zwei oder drei kühlere Monate im Jahr, um Früchte zu tragen. Sie sind winterhart bis zu -15 °C. Olivenbäume sind die Vorfahren unserer Weihnachtsbäume, denn sie wurden von den alten Römern und Griechen zum Feiern des ewigen Lebens und für Winterrituale verwendet.
Olivenbäume wachsen sehr langsam und gedeihen sowohl drinnen als auch draußen.

**Anleitung zum Anpflanzen von Olivensetzlingen**
1. Ein Loch graben, das doppelt so groß ist wie der Wurzelballen. Den Setzling vorsichtig in das Loch senken und die Wurzeln ausbreiten.

2. Das Loch mit Erde auffüllen und andrücken. In den ersten paar Jahren kann man dem Baum eine Stütze bieten, damit der Stamm gerade wächst.
3. Oliven sind zwar trockenresistent und brauchen keine großen Wassermengen, man sollte aber trotzdem darauf achten, dass der Boden nie vollkommen austrocknet.



## *Pflaume*

**Wo einpflanzen:** Den Fruchtstein einpflanzen und drinnen großziehen; den Setzling nach draußen umpflanzen, sobald er groß genug ist
**Wann einpflanzen:** Im späten Winter oder am Frühlingsanfang
**Wo kaufen:** Werft die Steine von vernaschten Pflaumen nicht weg!

Pflaumen machen Spaß! Zusammen mit Bambus und Pinie gehören sie zu den »drei Freunden des Winters« und stehen im Ruf, hoffnungsvolle, tapfere Pflanzen zu sein – genauso wie der westliche Weihnachtsbaum. Es gibt viele Pflaumensorten und damit auch für kleine Gärten geeignete Spezies. Wenn ihr das nächste Mal eine Pflaume esst, könnt ihr den Stein aufheben und aus dem Kern einen neuen Pflaumenbaum ziehen.

**Einen Pflaumenbaum aus dem Stein ziehen**

1. Den Stein 4 Tage auf der Fensterbank trocknen lassen. Den getrockneten Stein aufknacken und den mandelförmigen Kern aus der Mitte nehmen. Prüfen, ob er entwicklungsfähig ist, indem man ihn in ein Glas Wasser legt: Er sollte auf den Glasboden sinken – falls er an der Oberfläche schwimmt, ist er nicht zum Einpflanzen geeignet.
2. Den entwicklungsfähigen Kern in feuchtes Küchenpapier einschlagen und dann luftdicht verschlossen in einer Frischhaltebox oder einem Gefrierbeutel an der kühlsten Stelle des Kühlschranks 4 Wochen ruhen lassen.
3. Nach etwa 1 Monat sollte der Kern gekeimt und gesprosst haben. Wenn es noch nicht so weit ist, lässt man ihn noch im Kühlschrank und schaut immer wieder nach, bis er gekeimt hat.
4. Wenn sich Sprossen gebildet haben, einen Topf mit Erde füllen. Mit dem Daumen ein Loch in die Mitte der Erde drücken und den gesprossten Kern mit der Wurzel nach unten (und dem Spross nach oben) hineinsetzen. Locker mit mehr Erde bedecken. Es wird ein paar Monate dauern, bis sich der Spross einen Weg an die Erdoberfläche gebahnt hat, also habt Geduld und haltet das Pflaumenpflänzchen feucht – an einem hellen Ort, aber nicht in direktem Sonnenlicht.

# *Fermente & Eingemachtes*

# Weihnachtlich gepökelter Fisch

**Gepökelter Fisch macht sich hervorragend in Vorspeisen (Appetithäppchen), zum Frühstück oder in einem sehr dekadenten Sandwich. Forelle ist zum Pökeln gut geeignet, ihr könnt aber auch eine andere nachhaltige Fischart verwenden, z. B. Pazifische Scholle oder Schwarzen Heilbutt – oder lasst euch etwas vom lokalen Fischhändler empfehlen. Verarbeitet den frischesten Fisch, den ihr finden könnt, und achtet darauf, dass er nicht bereits gefroren war.**

**ERGIBT** 2 kg gepökelten Fisch

**DAUER** 30 Minuten, plus mind. 24 Stunden (max. 36 Stunden) Pökelzeit

**AUSSTATTUNG** großes Stück Frischhaltefolie
schwerer Gegenstand, z. B. gusseiserner Topf

**ZUTATEN**
- 2 kg Fischfilet nach Belieben
- 350 g Tannen- oder Fichtennadeln oder 700 g Piniennadeln (oder eine Kombination)
- 770 g Demerarazucker
- 500 g Salz
- 2 kleine Rote Beten, geraspelt
- Abrieb von 3 Bio-Zitronen

**ZUBEREITUNG** Vor dem Pökeln hat es sich bewährt, den Fisch einzufrieren, um mögliche Bakterien abzutöten. 24 Stunden schockgefrieren reichen in der Regel aus, persönlich friere ich den Fisch aber gerne eine Woche ein. Vor dem Pökeln muss der Fisch dann ein paar Stunden im Kühlschrank auftauen.

Die Nadeln vorbereiten (siehe S. 15).

Für die Pökelmischung Zucker, Salz, Rote Bete, Zitronenabrieb und Nadeln vermengen.

Etwas Frischhaltefolie auf der Arbeitsfläche ausbreiten und eine großzügige Lage der Pökelmischung darauf verteilen, ungefähr so breit und lang wie der Fisch.

Für den nächsten Schritt braucht ihr eventuell Hilfe: Den Fisch auf die erste Schicht der Pökelmischung legen und den Rest der Mischung auf und um das Filet verteilen. Darauf achten, dass der Fisch vollständig mit der Pökelmischung bedeckt ist. Sorgfältig in Frischhaltefolie wickeln.

Den eingewickelten Fisch auf ein Backblech oder in eine große Auflaufform legen und einen schweren Gegenstand, z. B. einen gusseisernen Topf, darauf platzieren. Im Kühlschrank 24–36 Stunden ziehen lassen. Nach der Hälfte der Zeit den Fisch wenden und nicht vergessen, ihn wieder zu beschweren.

Zum Verzehr muss die Pökelmischung vom Fisch gespült werden. Darauf achten, dass keine Nadeln am Fisch zurückbleiben. Mit einem scharfen Messer schräg in sehr feine Scheiben schneiden.

Der gepökelte Fisch ist im Kühlschrank bis zu 5 Tage haltbar.

# Weihnachtsbaumessig

**Hier die einfachste Methode zur Weiterverarbeitung von Weihnachtsbäumen – egal, was für einen Baum ihr habt. Eine schnelle und einfache Möglichkeit, auch aus besonders trockenen Bäumen etwas zu machen.**

**ERGIBT** ausreichend für 1 Einmachglas mit 2 l Fassungsvermögen

**DAUER** 30 Minuten, plus 3 Monate Ziehzeit (mindestens 2 Wochen)

**AUSSTATTUNG**
2 sterilisierte Einmachgläser (je 2 l Fassungsvermögen), (siehe S. 15) mit passendem Deckel
Küchentrichter
feines Küchensieb

**ZUTATEN**
200 g Tannen-, Pinien- oder Fichtennadeln (oder eine Kombination)
2 l hochwertiger Apfelessig

**ZUBEREITUNG**

Die Einmachgläser sterilisieren (siehe S. 15).

Die Nadeln vorbereiten (siehe S. 15) und fein hacken.

Den Essig in einen großen Topf gießen und auf mittlerer Stufe erhitzen (nicht aufkochen).

Die gehackten Nadeln in eines der Einmachgläser füllen und den warmen Essig mithilfe eines Trichters darübergießen.

Das Glas fest verschließen und mindestens 2 Wochen (bis zu 3 Monate) ziehen lassen. Ausreichend aromatisiert ist der Essig, wenn die Nadeln langsam auf den Glasboden sinken.

Den aromatisierten Essig durch ein feines Sieb in das zweite sterile Glas füllen, um die Nadeln herauszufiltern. Der Essig ist jahrelang haltbar.

*Tipp: Dieser Weihnachtsbaumessig ist das perfekte hausgemachte Weihnachtsgeschenk.*

# Eingelegte Eier mit Weihnachtsbaumnadeln und Roter Bete

**Eingelegte Eier sind unheimlich unterschätzt, unter-verzehrt und unter-repräsentiert. Ich wünschte, die Menschheit würde sie häufiger genießen. Sie sind hervorragend für Kanapees, Picknicks und zum Angeben allgemein geeignet – vor allem, weil die Rote Bete den Eiern eine wunderschöne leuchtende Farbe verleiht.**

**ERGIBT** 8 eingelegte Eier

**DAUER** 30 Minuten, plus 1–3 Tage Ziehzeit

**AUSSTATTUNG** großes Einmachglas (1,5 l Fassungsvermögen) mit Deckel

**ZUTATEN**

- 1 Handvoll Fichten- oder Tannennadeln (bzw. 2 Handvoll, wenn Apfelessig verwendet wird)
- 8 Bio-Eier (Größe L)
- 600 ml Weihnachtsbaumessig (siehe S. 45) oder Apfelessig
- 75 g Meersalzflocken
- 100 g Demerarazucker
- 1 kleine Rote Bete, geschält und grob gehackt

**ZUBEREITUNG**

Das Einmachglas sterilisieren und die Nadeln vorbereiten (siehe S. 15).

Die Eier exakt 7 Minuten kochen und dann sofort in kaltes Wasser legen. Die abgekühlten Eier schälen.

Für die Lake Essig, Salz und Zucker in einem kleinen Topf zum Kochen bringen.

Rote Bete, Nadeln und Eier in das sterile Glas füllen und die heiße Lake darübergießen.

Das Glas fest mit dem Deckel verschließen. Sobald die Lake abgekühlt ist, in den Kühlschrank stellen und mindestens 24 Stunden ziehen lassen (bzw. 36 Stunden, wenn Apfelessig verwendet wurde). Ich empfehle, die Eier nicht länger als 3 Tage in der Lake zu lassen, sonst werden sie zäh. Wenn das Glas einmal geöffnet ist, sollten die Eier innerhalb von 2 Tagen verzehrt werden.

# Weihnachtlich eingelegtes Gemüse

**Ich bin ein großer Fan von »Pickles«, eingelegtem Gemüse. Für die Zubereitung könnt ihr den Weihnachtsbaumessig (siehe S. 45) verwenden oder frische Nadeln – dann muss das Ganze einfach ein paar Wochen länger ziehen. Gemüse könnt ihr nach Belieben verwenden, was gerade in Saison ist. Karotten und Gurken sind z. B. gut geeignet und für schöne Farbtupfer könnt ihr noch Rote Bete zufügen.**

**ERGIBT** ausreichend für 1 Einmachglas mit 2 l Fassungsvermögen

**DAUER** 3 Tage, plus 1 Monat Ziehzeit (mind. 5 Tage)

**AUSSTATTUNG** Einmachglas (2 l Fassungsvermögen) mit passendem Deckel

**ZUTATEN**

- 1 Handvoll Fichten-, Pinien- oder Tannennadeln
- 1,5 l Weihnachtsbaumessig (siehe S. 45) oder Apfelessig
- 50 g Salzflocken
- 900 g Demerarazucker
- 700 g Rote Bete, Karotten oder Gurken (am besten eine Mischung), mit dem Sparschäler in dünne Bänder geschnitten
- 1 Handvoll Wacholderbeeren

**ZUBEREITUNG**

Das Einmachglas sterilisieren und die Nadeln vorbereiten (siehe S. 15).

Für die Lake Essig, Salz und Zucker in einem kleinen Topf zum Kochen bringen.

Rote Bete, Karotten, Gurken, Nadeln und Wacholderbeeren im Glas verteilen und die Lake darübergießen.

Das Einmachglas fest mit dem Deckel verschließen, kurz umdrehen und dann wieder aufrecht hinstellen – damit sich die Lake zwischen dem Gemüse verteilt und keine Luftkammern entstehen. An einem kühlen, dunklen Ort oder (vollständig abgekühlt) im Kühlschrank mindestens 5 Tage ziehen lassen. Einmal geöffnet ist das eingelegte Gemüse bis zu 2 Wochen haltbar.

# *Weihnachtsbaum-Apfel-Geleehappen*

**Inspiration für dieses Rezept war Membrillo, spanisches Quittenbrot, das wunderbar zu Käse schmeckt. Das Rezept ist relativ aufwendig, aber die Mühe lohnt sich. Traditionell werden Quitten verwendet, die einen hohen Pektingehalt haben und dem Membrillo die feste Struktur verleihen. Ich habe die Quitten durch Äpfel ersetzt, die gut zu den Weihnachtsbaumaromen passen. Für dieses Rezept empfehle ich, nur Tannen- oder Fichtennadeln zu verwenden, da der Geschmack von Piniennadeln zu dezent ist, um mit den säuerlich-frischen Äpfeln mithalten zu können. Interessant an der Textur dieser süßen Happen ist, dass sie dank der Öle aus den Weihnachtsbaumnadeln auch im gelierten Zustand noch weich sind.**

**ERGIBT** ausreichend für 1 quadratische Auflaufform

**DAUER** 2 Stunden, plus 10 Tage Gelierzeit (max. 2 Wochen)

**AUSSTATTUNG**
Pürierstab oder Kartoffelstampfer
Zerkleinerer
feines Küchensieb
quadratische Auflaufform (15 cm x 15 cm)
sauberes Küchentuch

**ZUTATEN**
- 1 kg Äpfel (etwa 10 Stück mittlerer Größe), geschält und Kerngehäuse entfernt
- 1 kg Zucker
- 40 g Tannen- oder Fichtennadeln
- Saft von 2 Zitronen

**ZUBEREITUNG**

Die Äpfel in Stücke schneiden und zusammen mit dem Zucker und 100 ml Wasser in einen Topf geben. Zum Kochen bringen und 30 Minuten sanft köcheln lassen, bis die Äpfel sehr zart sind und der Zucker aufgelöst ist. Die Apfelmasse glatt pürieren.

Inzwischen die Weihnachtsbaumnadeln vorbereiten (siehe S. 15) und im Zerkleinerer 3 Sekunden fein hacken.

Zitronensaft und Nadeln unter die Apfel-Zucker-Mischung rühren. Kurz aufkochen und dann unter ständigem Rühren etwa 30 Minuten sanft köcheln lassen.

Vom Herd nehmen und die Mischung durch ein feines Sieb streichen (um die Nadeln zu entfernen). Das Ganze in einen sauberen Topf füllen und bei schwacher Hitze unter Rühren weitere 30 Minuten sieden lassen.

Die Masse ist so weit, wenn sie entweder dunkelgrün oder dunkelrot ist (das hängt von der Apfelsorte ab) und/oder sich beim Umrühren von den Topfwänden löst und/oder wenn der Holzkochlöffel beim Rühren eine deutliche Spur darin hinterlässt.

Die Auflaufform mit Backpapier auslegen und die heiße Masse hineingießen. Die Form fest mit einem sauberen Küchentuch luftdicht verschließen und an einem dunklen, warmen Ort mindestens 10 Tage und bis zu 2 Wochen gelieren lassen.

Die fertige Masse ist – gut eingewickelt – bei Raumtemperatur bis zu 3 Monate haltbar. Einmal ausgepackt muss man die Happen im Kühlschrank aufbewahren, sie sind dann noch bis zu 5 Tage haltbar.

*Abbildung siehe nächste Seite.*

# Hähnchenleberpastete mit Schlehenlikör

**Schlehenlikör basiert, wie die englische Bezeichnung »Sloe Gin« verrät, auf Gin. Die wichtigste Komponente von Gin ist die Wacholderbeere – und Wacholder zähle ich in diesem Buch zu den Weihnachtsbaumalternativen. Die süßen und floralen Aromen von Schlehenlikör passen großartig zur Reichhaltigkeit von Hähnchenleber. Verwendet für eine festere Konsistenz Crème double.**

**ERGIBT** ausreichend für 4 Personen als Vorspeise

**DAUER** 25 Minuten

**AUSSTATTUNG**
Küchenmaschine
4 Keramiktöpfchen oder Einmachgläschen

**ZUTATEN**
- 250 g Butter
- 1 rote Zwiebel, grob gehackt
- 1 Knoblauchzehe, gehackt
- 3 gehäufte TL Wacholderbeeren, zerstoßen
- 400 g ganze Hähnchenlebern
- 150 g Crème double
- 6 EL hochwertiger Schlehenlikör oder Gin
- 1 Handvoll Thymianblättchen
- Meersalz und schwarzer Pfeffer aus der Mühle

**ZUBEREITUNG**

Eine Pfanne auf mittlerer Stufe erhitzen. 50 g Butter darin zerlassen und Zwiebel und Knoblauch 5 Minuten glasig dünsten.

1 gehäuften TL Wacholderbeeren und die Lebern zufügen und 5 Minuten bräunen. Vom Herd nehmen und leicht abkühlen lassen. Zusammen mit Crème double und Likör in der Küchenmaschine glatt pürieren.

Restliche Butter in der Pfanne zerlassen. Übrige Wacholderbeeren und Thymian kurz darin andünsten. Mit Salz und Pfeffer abschmecken.

Die Lebermasse auf 4 Keramiktöpfchen verteilen und die zerlassene Gewürzbutter darübergeben.

Die Pastete kalt stellen. So ist sie bis zu 3 Tage haltbar, eingefroren hält sie sich bis zu 3 Monate.

# Sauer eingelegte Pflaumen

**Dieses Rezept ist inspiriert vom Geschmack japanischer Umeboshi (Salzpflaumen) und eine Hommage an den Pflaumenbaum, der einer der asiatischen »drei Freunde des Winters« ist. In Japan werden Umeboshi im Juni zubereitet, indem Ume (japanische saure Pflaumen oder Aprikosen) in Salz eingelegt werden. Die Zubereitung von Umeboshi ist ein arbeitsintensiver Prozess und es ist schwer, außerhalb Japans Ume zu bekommen. Hier stattdessen also ein sehr schnelles Rezept für sauer eingelegte Pflaumen, für das ihr alle möglichen Pflaumensorten verwenden könnt.**

**ERGIBT** 1 kg eingelegte Pflaumen

**DAUER** 20 Minuten, plus 1 Monat (mind. 2 Wochen) Ziehzeit

**AUSSTATTUNG** großes Einmachglas mit Deckel (1 l Fassungsvermögen)

**ZUTATEN**

500 ml Reisweinessig
25 g Meersalzflocken
150 g Demerarazucker
500 g Pflaumen, halbiert und Stein entfernt
2 Lorbeerblätter
½ TL Fenchelsamen
½ TL Anissamen
2 Zimtstangen
½ TL Gewürznelken
1 TL Sternanis

**ZUBEREITUNG**

Das Einmachglas sterilisieren (siehe S. 15).

Für die Lake Reisweinessig, Salz und Zucker in einem kleinen Topf zum Kochen bringen.

Pflaumen, Kräuter und Gewürze in das Einmachglas geben und die heiße Lake darübergießen.

Das Glas fest verschließen, kurz stürzen und dann wieder aufrecht hinstellen – damit sich die Lake zwischen dem Gemüse verteilt und keine Luftkammern entstehen. Abkühlen lassen und dann in den Kühlschrank stellen. Vor dem Öffnen mindestens 2 Wochen ziehen lassen. Ungeöffnet an einem kühlen, dunklen Ort aufbewahren. Ungeöffnet sind die sauer eingelegten Pflaumen bis zu 6 Monate haltbar – umso länger sie ziehen, umso zarter werden sie. Einmal geöffnet sind sie im Kühlschrank bis zu 1 Woche haltbar.

# Kirsch-Wacholder-Konfitüre

**Wacholderbeeren, die bekanntlich von einem immergrünen Cousin des Weihnachtsbaums stammen, haben einen wunderbar weihnachtlichen Geschmack. Diese Konfitüre ist aber das ganze Jahr über großartig – vor allem im Sommer, wenn Kirschen in Saison sind. Sie schmeckt perfekt auf Toast zum Frühstück oder als Teil einer Käseplatte.**



**ERGIBT** ausreichend für 1 Einmachglas mit 750 ml Fassungsvermögen

**DAUER** 2 Stunden, 15 Minuten

**AUSSTATTUNG** Einmachglas mit passendem Deckel (750 ml Fassungsvermögen)

**ZUTATEN**

- 600 g Kirschen
- 5 TL Wacholderbeeren, zerstoßen
- 450 g feiner Zucker
- Saft von 2 Zitronen

**ZUBEREITUNG**

Die Kirschen halbieren und entsteinen.

Die Kirschhälften mit 300 ml Wasser, Wacholderbeeren, Zucker und Zitronensaft in einen Topf mit dickem Boden geben und auf mittlerer Stufe zum Kochen bringen.

Die Temperatur auf mäßig-schwache Stufe reduzieren. Etwa 2 Stunden sanft sieden lassen, bis die Kirschen zusammengefallen sind und das Wasser verdampft ist.

Alternativ kann man an einem Zuckerthermometer ablesen, wann die Konfitüre so weit ist: Die Mischung kochen lassen, bis sie eine Temperatur von 104 °C erreicht hat und sie dann noch 5 Minuten auf dieser Temperatur halten.

Inzwischen das Einmachglas sterilisieren (siehe S. 15).

Die Konfitüre bis unter den Rand in das Glas füllen. Fest verschließen, kurz stürzen und dann wieder aufrecht hinstellen, damit keine Luftkammern zurückbleiben. Abkühlen lassen. Ungeöffnet ist die Konfitüre bis zu 6 Monate haltbar. Einmal geöffnet, hält sie sich im Kühlschrank bis zu 1 Woche.

# *Festessen*

# Lammzupfbraten

## *mit Thymian & alkoholisierten Aprikosen*

**Die Zusammenstellung ist ungewöhnlich, aber der Gin passt großartig zu den süßen Aprikosen. Die Zubereitung ist sehr einfach: Das Lammfleisch muss lediglich gut gewürzt werden und man muss den Braten etwa 8 Stunden schmoren lassen, bis sich das Fleisch vom Knochen löst. Achtet darauf, dass das Lamm aus nachhaltiger und artgerechter Haltung stammt. Eine vegane Alternative zu Lammfleisch ist Jackfrucht, die sich auch wunderbar auseinanderzupfen lässt.**

**ERGIBT** ausreichend für 10 Personen als Hauptspeise

**DAUER** 20 Minuten, plus Ziehzeit über Nacht, dann 7–8 Stunden Garzeit

**ZUTATEN**

- 300 g getrocknete Aprikosen
- 1 Flasche Gin von hoher Qualität
- 1,5 kg Lammschulter oder Jackfrucht
- 2 Zwiebeln, geviertelt
- 3 Knoblauchzehen, halbiert
- 1 Bund Thymianzweige
- Meersalz und schwarzer Pfeffer aus der Mühle
- 150 g Butter
- Olivenöl
- Retsina-Kürbis (siehe nächste Seite) als Beilage

**ZUBEREITUNG**

Die Aprikosen in einer Schüssel mit 375 ml Gin bedecken und über Nacht ziehen lassen. Am nächsten Tag den Ofen auf 180 °C vorheizen.

Das Lammfleisch auf ein Bratenblech legen. Zwiebelspalten, Knoblauch und die Hälfte der Thymianzweige rundherum verteilen. Gut mit Salz und Pfeffer würzen, dann 500 ml Wasser auf das Blech gießen und im vorgeheizten Ofen 4 Stunden schmoren.

Die Butter, einen guten Schuss Gin und den restlichen Thymian zum Lamm geben. Die Temperatur auf 140 °C reduzieren. Den Lammbraten für weitere 3–4 Stunden schmoren und die Bratensäfte gelegentlich durchmischen. Etwa 20 Minuten, bevor das Lammfleisch fertig ist, die Aprikosen zufügen, damit sie warm werden, ohne anzubrennen.

Wenn das Fleisch so zart ist, dass es sich leicht zerzupfen lässt, einen guten Schuss Olivenöl und Gin zufügen. Dazu den Retsina-Kürbis servieren.

# Retsina-Kürbis

## mit eingelegten Zitronen, Sultaninen & Rosmarin

**Retsina ist ein trockener Weißwein, aromatisiert mit dem Harz der Aleppo-Kiefer. Schon die alten Griechen versetzten Wein mit Kiefernharz, um ihn zu süßen.**

**ERGIBT** ausreichend für 4 Personen als Hauptspeise

**DAUER** 40 Minuten, plus Einweichzeit über Nacht

**ZUTATEN**

- 200 g Sultaninen
- 300 ml Retsina, plus etwas mehr zum Beträufeln
- 2 große Butternusskürbisse (oder eine andere saisonale Kürbissorte), geschält und in 4 cm große Würfel geschnitten
- 1 Bund Rosmarin, grob gehackt
- Meersalz und schwarzer Pfeffer aus der Mühle
- Olivenöl zum Beträufeln
- 200 g Mandelblättchen
- 200 g eingelegte Zitronen
- Lammzupfbraten (siehe vorige Seite) oder Pinienkern-Couscous (siehe S. 68) zum Servieren

**ZUBEREITUNG**

Die Sultaninen in einer Schüssel mit Retsina bedecken und über Nacht ziehen lassen. Am nächsten Tag den Ofen auf 200 °C vorheizen.

Die Kürbisstücke und den Rosmarin auf einem Backblech verteilen. Gut mit Salz und Pfeffer würzen und mit Olivenöl beträufeln. Im vorgeheizten Ofen etwa 20 Minuten zart backen.

Inzwischen die Mandelblättchen in einer Pfanne ohne Fett hellgolden rösten.

Die marinierten Sultaninen, eingelegten Zitronen und gerösteten Mandelblättchen auf dem Kürbis verteilen und das Blech für weitere 15 Minuten zurück in den Ofen schieben.

Wenn der Kürbis zart ist, etwas Retsina und ein wenig Olivenöl darüberträufeln. Warm zum Lammzupfbraten oder dem Pinienkern-Couscous servieren.

*Abbildung siehe S. 62–63.*

# *Pinienkern-Couscous*

## *mit Granatapfel, Orange & Minze*

**Nichts ist deprimierender, als ein zu wenig gewürzter Couscous. Hier passt die säuerliche Frische der Granatapfelkerne gut zu den cremigen Pinienkernen. Dieses Gericht ist eine fantastische Beilage zu Fleisch und Gemüse und passt besonders gut zu den Gefüllten Pilzen mit Pinienkernen und Sauerteig auf der nächsten Seite.**

**ERGIBT** ausreichend für 10 Personen als Beilage

**DAUER** 15 Minuten, plus Einweichzeit über Nacht

**ZUTATEN**

2 Granatäpfel, die Kerne herausgelöst und möglichst viel Saft aufgefangen
150 g Sultaninen
Saft von 2 Orangen
500 g Couscous
1 Gemüsebrühwürfel
100 ml Olivenöl oder pflanzliche Butter
2 Bund Minze, gehackt
200 g Pinienkerne

**ZUBEREITUNG**

Granatapfelkerne und Sultaninen mit Orangen- und Granatapfelsaft bedecken und über Nacht ziehen lassen.

Am nächsten Tag den Couscous in einen mittelgroßen Topf füllen und den Brühwürfel darauflegen.

1 l Wasser zum Kochen bringen und den Couscous damit bedecken. Kurz umrühren und den Topf mit einem Deckel verschließen.

Nach etwa 15 Minuten sollte der Couscous das Wasser aufgesaugt haben. Ist das nicht der Fall, gut umrühren und ein paar Minuten länger ziehen lassen.

Das Olivenöl zufügen und den Couscous mit einer Gabel auflockern und mischen. Etwas abkühlen lassen.

Gehackte Minze, die abgetropften Früchte und die Pinienkerne unterheben und sofort servieren.

# Gefüllte Pilze

## mit Pinienkernen, Pistazien & Sauerteigkrumen

**Pinienkerne sind das ganze Jahr über gut erhältlich, also kann dieses Rezept zu jeder Jahreszeit zubereitet werden. Außerdem ist es eine großartige Möglichkeit, trockenes Brot zu verarbeiten.**

**ERGIBT** ausreichend für 2 Personen als Hauptgericht oder 4 Personen als Beilage

**DAUER** 35 Minuten

**AUSSTATTUNG** große Auflaufform

**ZUTATEN**

- 120 g Pinienkerne
- 100 g Sauerteig-Semmelbrösel
- 200 g Pistazienkerne, zerstoßen
- 120 ml Olivenöl oder weiche pflanzliche Butter
- 2 kleine Knoblauchzehen, fein gehackt
- 800 g große Pilze (die sich gut füllen lassen), geputzt und Stiele entfernt
- Meersalz und schwarzer Pfeffer aus der Mühle
- 1 Zweig Thymian, gehackt

**ZUBEREITUNG**

Den Ofen auf 200 °C (Grillstufe) vorheizen.

Pinienkerne und Semmelbrösel in einer Pfanne ohne Fett goldbraun rösten.

Zusammen mit Pistazien, Olivenöl und Knoblauch in einer Schüssel vermengen.

Die Pilze mit der Unterseite nach oben in einer Auflaufform verteilen. Die Pinienkern-Semmelbrösel-Mischung gleichmäßig auf die Pilze verteilen. Mit Salz und Pfeffer würzen.

Die gefüllten Pilze für 20 Minuten unter den heißen Ofengrill schieben, bis die Pinienkerne gebräunt und die Semmelbrösel kross sind. Mit gehacktem Thymian bestreuen und sofort servieren.

*Abbildung siehe S. 66–67.*

# Weihnachtsbaumasche

**Asche wird weltweit zum Kochen verwendet und ist gerade im Trend, weil sie von Spitzenköchen inzwischen häufiger eingesetzt wird. Die Asche von Weihnachtsbäumen in der Küche zu verwenden, war für mich eine Offenbarung. Dafür lässt man Weihnachtsbaumzweige im Ofen verkokeln. Eine leicht gemachte, wertvolle, aromatische Zutat, die lange haltbar ist und in allen möglichen Rezepten verwendet werden kann.**

**ERGIBT** ausreichend für eine kleine Frischhaltebox (12 x 17 cm)

**DAUER** 35 Minuten

**AUSSTATTUNG** Backblech und Backofenrost
Küchenmaschine
Frischhaltebox

**ZUTATEN** 1 große Handvoll Weihnachtsbaumzweige

**ZUBEREITUNG** Den Ofen auf die höchstmögliche Temperatur (Ober-/Unterhitze) vorheizen.

Die Weihnachtsbaumzweige sorgfältig waschen, um Dreck zu entfernen.

Den Ofenrost in das Backblech setzen und die sauberen Zweige darauf verteilen. In den heißen Ofen schieben und warten, bis sie vollständig verbrannt sind.

Den Ofen ausstellen und die verbrannten Zweige darin abkühlen lassen.

Das abgekühlte Blech vorsichtig herausnehmen und die verkokelten Zweige in der Küchenmaschine zu feinem Pulver zermahlen.

In einem luftdicht verschlossenen Behälter ist die Asche an einem dunklen Ort bis zu 6 Monate haltbar.

# Dunkel gebratener Blumenkohl in Asche

**Mit Blumenkohl lässt sich die rauchig, kross-gegrillte Textur aus diesem Rezept gut erzielen, außerdem verträgt er die aromatisch-öligen Aromen der Pinienasche-Butter sehr gut.**

**ERGIBT** ausreichend für 4 Personen als Hauptgericht

**DAUER** 1 Stunde

**AUSSTATTUNG** großer Topf (8 l Fassungsvermögen) oder 2 mittelgroße Töpfe

**ZUTATEN**

- 2 große Köpfe Blumenkohl, Blätter entfernt
- 1 EL Weihnachtsbaumasche (siehe S. 71)
- 150 g weiche Butter von hoher Qualität
- Salz und schwarzer Pfeffer aus der Mühle
- Pinienkern-Couscous (siehe S. 68) zum Servieren
- Zaziki oder Joghurt zum Servieren

**ZUBEREITUNG**

Beide Blumenkohlköpfe etwa 30 Minuten in einem großen Topf in etwas Wasser dünsten, bis sie etwas zarter sind.

Inzwischen in einer kleinen Schüssel die Weihnachtsbaumasche unter die Butter mischen.

Den Blumenkohl aus dem Topf heben und in 2,5 cm dicke Scheiben schneiden. Die Butter in einer großen Pfanne zerlassen.

Die Blumenkohlscheiben in der Asche-Butter von beiden Seiten braten, bis sie leicht geschwärzt sind. Eventuell muss das in zwei Pfannen geschehen oder man brät die Blumenkohl-Scheiben nacheinander und hält sie dann im Ofen warm.

Nach Belieben mit Salz und Pfeffer würzen. Mit dem Pinienkern-Couscous und Zaziki servieren.

# In Asche gebackenes Gemüse

**Für dieses Rezept könnt ihr im Grunde genommen alles an Gemüse verwenden, das gerade in Saison ist. Die Kombination der erdigen Aromen der Weihnachtsbaumasche mit Wurzelgemüse ergibt aber ein wirklich festliches Gericht.**

**ERGIBT** ausreichend für 4 Personen als Beilage

**DAUER** 1 Stunde

**AUSSTATTUNG** große Auflaufform oder Schmortopf
Alufolie

**ZUTATEN**
- 500 g Wurzelgemüse (z. B. Knollensellerie, Pastinaken oder Rote Bete) oder eine Mischung verschiedener Wurzelgemüsesorten, geschält
- 3 EL Weihnachtsbaumasche (siehe S. 71)
- 5 Zweige Thymian
- Salz und schwarzer Pfeffer aus der Mühle
- Olivenöl

**ZUBEREITUNG**

Den Ofen auf 200 °C vorheizen.

Das Gemüse in 1 cm große Würfel schneiden und in eine große Auflaufform geben. Weihnachtsbaumasche, Thymian, Salz, Pfeffer und einen ordentlichen Schuss Olivenöl sowie 120 ml Wasser zufügen und gut mischen.

Die Auflaufform mit Alufolie abdecken und das Gemüse im vorgeheizten Ofen 45 Minuten backen, bis es innen zart und außen kross ist. Warm servieren.

# Asche-Honig-Glasur

**Diese Asche-Glasur kann beim Kochen vielseitig eingesetzt werden. Fleisch, Fisch und Gemüse können großzügig damit bestrichen werden und auch süßem Gebäck, z. B. Zimtschnecken, kann man mit der Glasur einen süßen, erdigen und rauchigen Geschmack verleihen.**

**ERGIBT** ausreichend, um 400 g Fleisch, Fisch, Gemüse oder Gebäck zu glasieren

**DAUER** 15 Minuten, plus 2 Stunden Ruhezeit

**ZUTATEN**
70 g Honig
2 TL Weihnachtsbaumasche (siehe S. 71)

**ZUBEREITUNG**

Den Honig, 50 ml Wasser und die Weihnachtsbaumasche in einem Topf mischen und zum Kochen bringen.

Sofort vom Herd nehmen und abkühlen lassen. Die abgekühlte Glasur 2 Stunden in den Kühlschrank stellen.

Die Glasur vor dem Backen auf Gemüse, Fleisch oder Fisch streichen. Süße Backwaren, wie z. B. Zimtschnecken, pinselt man ein, sobald sie aus dem Ofen kommen.

# Weihnachtlich heiß geräucherter Fisch

**Das Räuchern auf dem Herd bedarf einiger Arbeitsschritte, ist aber eigentlich unkompliziert. Kabeljau, Seehecht und Schellfisch sind alle gut zum Räuchern geeignet, aber auch Meeresfrüchte wie Muscheln und Garnelen können geräuchert werden. Dazu passt gedämpfter Frühkohl, z. B. Choy Sum, angemacht mit einem Spritzer Zitronensaft und etwas Olivenöl.**

**ERGIBT** ausreichend für 2 Personen als Hauptgericht

**DAUER** 2 Stunden Einweichzeit (oder über Nacht), dann 2,5 Stunden Vorbereitung und Räuchern

**AUSSTATTUNG**
große Frischhaltebox (1 l Fassungsvermögen)
Küchenpapier
feines Metallsieb oder Dämpfeinsatz

**ZUTATEN**
- 2 gehäufte EL Zucker
- 50 g Meersalz
- Abrieb und Saft von 1 Bio-Zitrone
- Abrieb und Saft von 1 Bio-Orange
- 1 TL Wacholderbeeren, zerstoßen
- 400 g Fisch oder Tofu
- Weihnachtsbaumzweige

**ZUBEREITUNG**

In der Frischhaltebox 500 ml Wasser, Zucker, Salz, Abrieb und Saft von Zitrone und Orange sowie die Wacholderbeeren mischen. Den Fisch in die Lake legen und im Kühlschrank abgedeckt mindestens 2 Stunden ziehen lassen.

Die Weihnachtsbaumzweige auf dem Boden eines großen Topfes mit Deckel verteilen und bei hoher Temperatur erhitzen, bis sie fast schwarz sind. Die geschwärzten Zweige vorsichtig aus dem Topf nehmen und diesen mit zwei Lagen Küchenpapier auslegen. Die geschwärzten Zweige wieder hineingeben.

Den marinierten Fisch abtupfen und in das Sieb legen. In den Topf setzen und sorgfältig mit dem Deckel verschließen, damit keine Aromen entweichen. Auf hoher Stufe erhitzen, sodass die Zweige wieder zu rauchen beginnen. Sobald genug Rauch entstanden ist, die Temperatur auf mittlere Stufe reduzieren und den Fisch 2 Stunden lang räuchern.

# Pinienduft

*von Julia Georgallis*

Ein Waldspaziergang.

Der Spaziergang an einem kalten Wintermorgen, entlang einer langen Baumreihe, dick eingepackt in Mütze und Schal, Hund im Schlepptau, Zweige und Äste leicht schneebedeckt. Durch den Wald schlendernd im Sommer, auf dem Rückweg vom Strand, mit leichtem Sonnenbrand und dankbar für den Schatten der Blätter, während zwischen den Bäumen die Sonnenstrahlen tanzen. Auf der Wanderung durch den Dschungel Zweige beiseiteschieben, die sich ihren Weg in alle möglichen Richtungen bahnen, auf der Suche nach Erdboden im Unterholz …

So erleben wir es, von Bäumen umgeben zu sein: im Wald oder Dschungel, in Parks, Sträuchern, Dickichten oder der Wildnis. Ein Spaziergang zwischen Bäumen, den wir oft nur dann unternehmen, wenn wir viel Zeit haben, ist vielleicht der größte natürliche Luxus, den wir uns gönnen können. Für Wälder braucht man Zeit, weil sie von der Zeit selbst geschaffen wurden. Für einen Baum ist die Zeit eine komplett andere Entität als für uns Menschen. Ein durchschnittlicher Baum lebt mindestens 400 Jahre. Tatsächlich gilt ein Baum erst als erwachsen, wenn er 150 Jahre alt ist.[1] Kein Wunder also, dass Bäume so einfach von uns verlangen können, langsamer zu machen.

Liegt es an ihrer Langsamkeit, dass Bäume uns ein derartiges Gefühl der Ruhe spenden, oder ist es etwas anderes? Ihre Größe beruhigt uns z. B.. Das Rascheln der Blätter und die Dunkelheit des Waldbodens lassen uns häufig verstummen. Auf einer physischen Ebene versorgt uns der Wald mit unseren Grundbedürfnissen: Essen, Atmen, Unterschlupf, Materialien. Auf metaphysischer Ebene lässt uns der Wald Demut verspüren, gibt uns Perspektive und fördert unsere Kreativität. Er taucht in jeder kreativen Beschäftigung der Menschheit auf (Poesie, Literatur, Folklore, Religion und Glaubenssysteme, Kunst, Musik und Tanz), als Ort der Magie und tiefer Besinnlichkeit sowie als Vermittler von Ritualen. Die größte Magie, die Bäume (und überhaupt alle Pflanzen und Blumen) auf uns Menschen ausüben, ist ihr Duft. Die Aromen von Bäumen und Pflanzen können beleben, inspirieren, beruhigen, heilen und so viel mehr. »Kräuter wurden schon zu Frühzeiten als magische Amulette zum Schutz vor bösen Geistern oder als Glücksbringer verwendet und Weihrauch traditionell bei religiösen oder rituellen Anlässen verbrannt, um den Geist in eine andere Dimension zu befördern«, schreibt Aromatherapeutin Julia Lawless. Auch weist sie darauf hin, dass Parfüms eigens dafür kreiert wurden, potenzielle Liebhaber mit ihrem Duft in den Bann zu ziehen, und dass die Wirkungskraft ätherischer Öle in der Alchemie und bei der Suche nach einem »Elixier des Lebens« eine große Rolle spielte.[2]

Aromatherapie, also der Einsatz von Duft zur Heilung, wird bereits seit Jahrhunderten praktiziert. Es liegt eine gewisse Magie im Duft: Der Glaube, dass er uns Kraft gibt und bedeutender ist als wir, weil er in einem nicht greifbaren Reich existiert. Wir spüren einen Duft, können ihn aber nicht sehen – so wie wir unsere Seele, unsere Gefühle und Gedanken nicht sehen können. Tatsächlich galt die Wirkungskraft von Duftstoffen zu Beginn des Christentums als so mächtig, dass ihr Einsatz verboten wurde: »Die Kirche misstraute dem menschlichen Körper und seinen natürlichen Instinkten und lehnte Duftstoffe und Weihrauch ab, da sie die Sinne stimulierten und sinnlichen Genuss intensivierten.«[3]

Im Laufe der Geschichte hatten unterschiedliche Düfte eine Vielzahl verschiedener Anwendungsbereiche: Weihrauch für Rituale, Zeder für Sinnlichkeit, Lavendel zur Entspannung. Doch es ist der Duft der Pinie, der den Test der Zeit bestanden hat, und für alles Mögliche eingesetzt wurde: von Sonnenritualen zum Lufterfrischer, der in Tausenden Autos in Form eines Weihnachtsbaums vom Rückspiegel baumelt. »Scent of the pine, you know how I feel«[4], singt Nina Simone. Der Duft immergrüner Bäume – Pinie, Fichte, Tanne und Wacholder – belebt und verjüngt. Das liegt daran, dass die chemischen Verbindungen in den Nadeln (vor allem bei *Pinus sylvestris*) die Nebennierenrinde stimulieren und ein hervorragendes Antiseptikum für die Lunge sind[5] – sie sorgen für einen klaren Kopf und freien Atem. Pinienduft hat außerdem eine belebende Wirkung auf den Kreislauf[6], pumpt das Blut durch unseren Körper und gibt uns mehr Energie. Es ist der archetypische »saubere« Duft, den wir mit Sauberkeit und Hygiene in Verbindung bringen. Und es gibt wissenschaftliche Beweise dafür, dass da etwas dran ist. Nadelholzwälder desinfizieren die sie umgebende Luft und Fichten- und Piniennadeln enthalten von Natur aus Antibiotika.[7]

Wissenschaft beiseite – es ist schwer, den Duft von Pinien und Nadelbäumen im Allgemeinen nicht zu mögen. Bei vielen Menschen ruft dieses angenehm penetrante Aroma Bilder einer großen, unberührten Wildnis hervor; ein Gefühl der Grenzenlosigkeit, die es dem Geist ermöglicht, sich zu entfalten. Auch Erfahrungen haben Auswirkungen auf unsere Beziehung zu Pinienbäumen. Unser komplizierter Geruchssinn, verbunden mit unserem zentralen Nervensystem, löst häufig Erinnerungen aus. Wenn wir etwas riechen, besteht ein direkter Kontakt zwischen den Molekülen des Dufts und unseren eigenen Rezeptoren: es ist eine Art intimes oder essenzielles Aufeinandertreffen.[8] Duft ist subjektiv und persönlich, transportiert uns innerlich an Tausende unterschiedliche Orte, bringt Erinnerungen wieder zum Vorschein, die tief zwischen Nase und Gehirn begraben liegen. In diesem Fall an eine Zeit, in der wir den belebenden Duft der Pinie erlebten, bei einem angenehmen Spaziergang an der frischen Luft hoch oben in den Bergen oder als wir auf einer mediterranen Insel im Pinienwald Erholung von der heißen Sonne erfuhren.

Eine meiner letzten Piniendufterfahrungen geht auf den Besuch einer Weihnachtsbaumplantage in High Easter in Essex zurück. Es war Dezember und ich fuhr bei tief stehender Sonne eine lange Straße entlang, während mich die Rehe auf dem nebenliegenden Feld neugierig beobachteten. Als ich die Autotür öffnete, schlug mir ein intensiver Geruch entgegen: Der Duft unzähliger Nadelbäume, vermischt mit den Aromen von kalter Luft, Schlamm und Winter. Als ich die Plantage ein paar Monate später wieder besuchte, erschien mir der Geruch deutlich anders, da die Zweige aller Bäume neue, hellgrüne Spitzen hatten. Der Duft war süßer, erinnerte mich an frisch geschnittenes Gras. Wir wissen, dass sich der Duft von Blumen ändern kann – manche riechen nachts besonders intensiv, andere am frühen Morgen, Blüten sind im Frühling besonders penetrant. Doch in diesem Moment lernte ich das erste Mal wirklich zu schätzen, dass sich auch der

Duft von etwas derartig Passivem wie einem Baum ändern kann. Tatsächlich sind Bäume überhaupt nicht passiv. Inzwischen ist weitgehend anerkannt, dass sie eine Art Gehirn haben. Sie fühlen. Sie denken. Sie sehen. Sie können sogar zählen.[9] Und sie kommunizieren, wie wir auch. Z. B. über den Duft: Um Bestäuber anzuziehen, geben Bäume, ähnlich wie Blumen, einen Duft ab, der Bienenzu ihnen lockt. Falls ein Fressfeind auf einem Zweig landet und zum Angriff übergeht, können Bäume einen Duft abgeben, der den ungebetenen Gast vertreibt und andere Bäume vor dem Übergriff warnt.[10] Menschen sind für Bäume in vielen Punkten Raubtiere. Ist es also möglich, dass der Duft von Wäldern kein angenehmer Geruch ist, zu Gunsten der Menschen, sondern vielmehr ein Notsignal, das den Rest des Waldes über unsere Präsenz informieren soll? Der Grund ist eigentlich offensichtlich. Bäume liefern kleinen und großen Kreaturen Essen, Wasser und Behausung, wirken sich auf das Wetter aus, hüten unser Land und halten unseren atmosphärischen Sauerstoffgehalt auf einem optimalen Niveau. Und trotzdem geht es den Wäldern weltweit schlecht. Wir verwenden alle Teile des Baumes. Wir fällen sie für Landwirtschaftsflächen, holzen Wälder ab, um unsere Häuser bauen zu können. Wir destillieren sogar gierig ihren Duft, um ihn unter Kontrolle zu haben, ihn nach Belieben zu verwenden – um zu gefallen, um zu dominieren und anzuziehen. Im Laufe der Geschichte opferten Religionen Bäume, um den Göttern zu gefallen und um ihre Anhänger zu befriedigen. Der Legende nach ließ Kleopatra die Segel ihrer Bote mit Duft tünchen, damit der Wind ihn zu den Nasen ihrer Bewunderer in fernen Ländern tragen würde.[11] Und der berühmte fiktive Mörder Grenouille aus Patrick Süskinds *Das Parfum* ist überzeugt, dass derjenige, der den Duft beherrscht, die Herzen der Menschen kontrolliert.[12]

Der Duft, den ein Baum abgibt, ist nicht nur für unseren exklusiven Nutzen bestimmt und sollte nicht gezähmt werden. Bäume brauchen ihn für ihr eigenes Überleben und das ihres Umfelds. Bäume bieten uns eine Menge – und wir geben scheinbar nicht viel zurück. Ist es also ein Wunder, dass sie uns als Bedrohung sehen? Beim nächsten sonntäglichen Spaziergang durch den Park oder beim Schlendern durch den Wald, wenn ihr den Duft der Bäume wahrnehmt, dann denkt daran, dass es gut sein könnte, dass ein friedlicher, stiller Wald in Wirklichkeit vollkommen geruchsfrei ist.

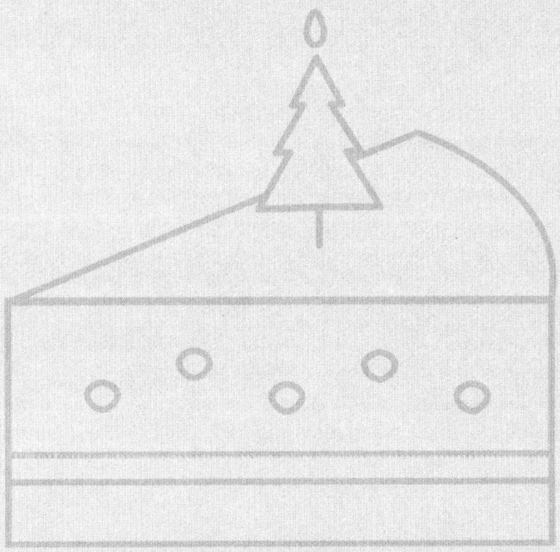

# Süßes

# Weihnachtsbaum-Ingwer-Eiscreme

**Dies ist zweifellos mein Lieblingsrezept aus unserem Kochtreff und ich habe es über die Jahre großzügig mit allen geteilt, die zuhörten. Ich verwende gerne Blaufichte, denn ich finde, sie ist die Krönung der Koniferen (sie schmeckt ein bisschen nach Vanille), aber ihr könnt sie – wie in allen Rezepten – durch andere Weihnachtsbaumarten ersetzen – je nachdem, was euch zur Verfügung steht.**

**ERGIBT** 950 g Eiscreme

**DAUER** 2 Stunden mit Eismaschine,
4 Stunden ohne

**AUSSTATTUNG** feines Küchensieb
Eismaschine oder Kunststoffbehälter

**ZUTATEN**

300 g Blaufichtennadeln oder 400 g andere Weihnachtsbaumnadeln
500 g Crème double
170 ml Vollmilch
170 g Zucker
8 Bio-Eigelbe
5 Stück kandierter Ingwer, fein gehackt

**ZUBEREITUNG**

Die Nadeln vorbereiten (siehe S. 15).

In einem Topf mit dickem Boden Crème double, Milch, Zucker und Eigelb glatt rühren.

Die Nadeln in die Sahnemischung geben und unter ständigem Rühren sanft erhitzen.

Nach 15 Minuten die Temperatur auf mittlere Stufe erhöhen. Wenn in der Masse am Topfrand Bläschen aufsteigen, ist sie so weit und der Topf kann vom Herd genommen werden.

Die Mischung zwei- oder dreimal durch ein feines Sieb filtern, damit keine Fichtennadeln in der fertigen Eiscreme landen.

Für die Zubereitung in der Eismaschine die gefilterte Mischung in den entsprechenden Behälter gießen und die Maschine anstellen. Bevor die Masse gefriert, den gehackten Ingwer zufügen und die Maschine weiterlaufen lassen, bis das Eis gefroren ist. Die fertige Eiscreme in den Gefrierschrank stellen.

Falls ihr keine Eismaschine besitzt, füllt die Sahnemischung in einen Kunststoffbehälter und lasst sie vollständig abkühlen. Die vollständig abgekühlte Masse in den Gefrierschrank stellen und stündlich umrühren. Nach etwa 2 Stunden, wenn die Masse schon leicht gefroren, aber nicht ganz fest ist, den Ingwer sorgfältig untermischen. Den Behälter zurück in den Gefrierschrank stellen und jede Stunde einmal umrühren. Es dauert etwa 4 Stunden, bis das Eis fertig ist.

Die fertig gefrorene Eiscreme bis zum Servieren im Kühlschrank aufbewahren.

*Abbildung siehe nächste Seite.*

# Gesalzener Pinienkern-Krokant

**Dieser Krokant ist ein luxuriöses, festliches Mitbringsel und schmeckt sehr gut auf Eiscreme oder in gebackenen Desserts. Die ausschlaggebende Zutat in diesem Rezept ist geräuchertes Meersalz, das einen köstlichen Kontrast zum süßen Karamell bietet.**

**ERGIBT** ausreichend für eine 30 cm lange Form

**DAUER** 20 Minuten, plus 1 Stunde Kühlzeit

**AUSSTATTUNG**
tiefe Backform (à 30 cm x 18 cm)
Silikon-Teigschaber
luftdicht verschließbarer Behälter

**ZUTATEN**
- 300 g Zucker
- 200 g Pinienkerne, zerstoßen
- 1 gehäufter EL Butter, zerlassen
- 3 große Prisen Meersalzflocken, am besten geräuchert

**ZUBEREITUNG**

Die Backform mit Backpapier auslegen.

Den Zucker in einem Topf auf hoher Stufe erhitzen. Sobald er beginnt zu schmelzen, die Temperatur auf mäßig-schwache Stufe reduzieren. Unter ständigem Rühren etwa 10 Minuten erhitzen, bis der Sirup einen dunklen, klaren Karamellton hat und auch so duftet. Falls ihr ein Zuckerthermometer besitzt: Zieltemperatur ist 150 °C.

Zerstoßene Pinienkerne und Butter unter die Karamellmasse rühren und das Ganze noch ein paar Minuten länger sanft köcheln lassen. Zum Schluss das Salz untermischen.

Die Karamellmasse in das vorbereitete Backblech gießen und mit einem Silikon-Teigschaber gleichmäßig etwa 0,5 cm dick verteilen. Kurz abkühlen lassen und etwa 1 Stunde im Kühlschrank fest werden lassen.

Den fertigen Krokant in Stücke brechen und in einem luftdicht verschlossenen Behälter aufbewahren. Falls er sich nicht gut durchbrechen lässt, 10 Minuten in den Gefrierschrank stellen.

*Abbildung siehe vorige Seite.*

# Kokos-Bambus-Eiscreme

**In Currys taucht Bambus häufig zusammen mit Kokosmilch auf. Diese passende Kombination verwende ich hier in einem süßen Rezept. Bambussprossen sind unheimlich aromatisch und weich. Außerdem nehmen sie andere Aromen gut auf. Für dieses Rezept verbindet man am besten eingelegte oder küchenfertige Bambussprossen aus dem Asia-Laden, da sie einfacher zuzubereiten sind.**

**ERGIBT** 1 kg Eiscreme

**DAUER** 2 Stunden mit der Eismaschine, 4 Stunden ohne

**AUSSTATTUNG** Eismaschine oder Kunststoffbehälter

**ZUTATEN**
- 400 ml Kokosmilch
- 200 ml Kokoscreme
- 200 g Crème double
- 4 Bio-Eigelbe, verquirlt
- 300 g Zucker
- 2 TL Vanillemark
- 250 g eingelegte Bambussprossen, abgetropft

**ZUBEREITUNG**

Alle Zutaten, abgesehen vom Bambus, in einem Topf mischen und unter ständigem Rühren auf mittlerer Stufe erhitzen.

Wenn am Topfrand kleine Bläschen auftauchen, die Temperatur erhöhen und die Mischung ein paar Sekunden köcheln lassen.

Für die Zubereitung in der Eismaschine die Masse in den entsprechenden Behälter füllen. Die Eismaschine laufen lassen und den Bambus zufügen, bevor die Masse festgefroren ist. 2 Stunden in der Eismaschine gefrieren und abschließend in den Tiefkühlschrank stellen.

Falls ihr keine Eismaschine besitzt, füllt die Sahnemischung in einen Kunststoffbehälter und lasst sie vollständig abkühlen. Die Masse in den Gefrierschrank stellen und stündlich umrühren. Nach etwa 2 Stunden, wenn die Masse schon leicht gefroren aber nicht ganz fest ist, den Bambus sorgfältig untermischen. Zurück in den Gefrierschrank stellen und jede Stunde einmal umrühren. Es dauert etwa 4 Stunden, bis das Eis fertig ist.

Die fertige Eiscreme bis zum Servieren im Tiefkühlschrank lassen.

*Tipp: Pinientee gibt es im Teeladen oder online. Wenn ihr keinen findet, verwendet einfach Olivenblättertee.*

# Pinien-Sorbet mit Olivenöl und Zitronen

**Die warmen Aromen von Olivenöl passen sehr gut zu den dezenten Piniennoten und dem Hauch Zitrone. Dieses Sorbet eignet sich gut zur Erfrischung zwischen den Gängen eines Menüs oder als Dessert. Für eine vegane Version dieses Sorbets kann man Aquafaba (das Kochwasser von Kichererbsen) statt Eiern verwenden.**

**ERGIBT** 900 g Sorbet

**DAUER** 2 Stunden mit der Eismaschine,
4 Stunden ohne (den Tee am Vortag zubereiten!)

**AUSSTATTUNG** Eismaschine oder Schneebesen

**ZUTATEN**
200 g Zucker
500 ml Pinientee, Olivenblättertee oder Weihnachtsbaumtee (siehe S. 117), am Vortag aufgebrüht
200 ml Olivenöl
Abrieb und Saft von 1 Bio-Zitrone
4 Bio-Eiweiß oder 8 EL Aquafaba, zu lockerem Schnee aufgeschlagen

**ZUBEREITUNG**
In einem kleinen Topf Zucker und Tee kurz aufkochen.

Für die Zubereitung in der Eismaschine den gesüßten Tee zusammen mit Olivenöl, Zitronenabrieb und -saft 30 Minuten in der Maschine durchrühren lassen, dann den Eischnee zufügen und die Masse 75 Minuten weiter gefrieren.

Falls ihr keine Eismaschine besitzt, den gesüßten Tee 10 Minuten mit dem Schneebesen verquirlen und dann den Eischnee unterrühren. 15 Minuten weiter aufschlagen, die Masse abkühlen lassen und dann in den Tiefkühlschrank stellen. Innerhalb von 4 Stunden gefrieren, dabei alle 5 Minuten umrühren.

Das Sorbet bis zum Servieren im Gefrierschrank aufbewahren.

# Pinienkern-Schokoladen-Brownie

**Inspiration für dieses Rezept war der traditionelle italienische Nachtisch *Torta di pinoli e cioccolato*. Der Fettgehalt der Pinienkerne macht diese Brownies sehr saftig und weich. Außerdem passt ihr cremiger, nussiger Geschmack gut zu der Schokolade.**

**ERGIBT** 8 Brownies

**DAUER** 1 Stunde

**AUSSTATTUNG**
Mörser und Stößel
große Schmelzschüssel
Schneebesen
Backform (à 20 cm x 20 cm)

**ZUTATEN**
200 g Pinienkerne
150 g Zartbitterschokolade
150 g Milchschokolade
170 g Butter
5 Bio-Eier (Größe L)
300 g Zucker
130 g Mehl (Type 405)
2 Prisen Meersalz

**ZUBEREITUNG**

Den Ofen auf 180 °C vorheizen.

Im Mörser 150 g Pinienkerne zerstoßen und zusammen mit Schokolade und Butter über einem Wasserbad erhitzen.

Währenddessen Eier und Zucker in einer separaten Schüssel aufschlagen, bis der Zucker aufgelöst ist.

Die Eier-Zucker-Masse unter Rühren zur geschmolzenen Schokolade gießen und mit dem Schneebesen aufschlagen, bis eine glänzende Masse entstanden ist.

Das Meersalz unter das Mehl mischen und allmählich unter die Schokoladen-Eier-Masse heben.

Die Backform mit Backpapier auslegen. Den Teig hineingießen und die restlichen Pinienkerne auf der Oberfläche verteilen.

Im vorgeheizten Ofen 20 Minuten backen. Wenn sich am Rand der Backform im Teig kleine Risse bilden, ist der Brownie so weit. In der Mitte sollte er noch recht wackelig sein. Entweder warm servieren, wenn man es saftig mag, oder über Nacht im Kühlschrank fest werden lassen.

# Pflaumen-Wacholder-Crumble

**Sowohl Pflaumen als auch Wacholder sind sehr vielseitige Zutaten und bilden ein exzellentes, entspanntes Paar. Kulturell haben beide als winterfeste, tapfere Symbole der Widerstandskraft die gleiche Bedeutung wie traditionelle Weihnachtsbäume. Den Crumble am besten heiß servieren, mit Eiscreme oder Vanillepudding.**

**ERGIBT** ausreichend für 10 Portionen

**DAUER** 45 Minuten

**AUSSTATTUNG** Mörser und Stößel
Auflaufform (à 30 cm x 18 cm)

**ZUTATEN**
- 8 TL Wacholderbeeren
- 1 kg Pflaumen, Stein entfernt und Fruchtfleisch in Stücke gehackt
- Saft von 1 Zitrone
- 200 g Zucker
- 70 g gemahlene Mandeln
- 70 g Walnusskerne, gehackt
- 100 g Mehl (Type 405)
- 150 g Butter, plus etwas mehr zum Fetten
- 1 TL gemahlene Muskatnuss
- 1 TL gemahlener Zimt
- Schlagsahne zum Servieren

**ZUBEREITUNG** Den Ofen auf 180 °C vorheizen.

Die Wacholderbeeren im Mörser zerstoßen und in eine Rührschüssel füllen. Gehackte Pflaumen, Zitronensaft und 100 g Zucker zufügen. Umrühren und beiseitestellen, während die Streusel vorbereitet werden.

Hierfür die restlichen Zutaten mit dem übrigen Zucker in einer großen Schüssel mischen und zwischen den Fingerspitzen reiben, bis feine Streusel entstanden sind.

Eine 30 cm große Auflaufform ausfetten und die Pflaumenmischung auf dem Boden verteilen. Die Streusel darüberstreuen.

Im vorgeheizten Ofen 15 Minuten backen, bis die Streusel goldbraun sind und mit eiskalter geschlagener Sahne servieren.

# Getränke

# Weihnachtsbaum-Sirup

**Der Weihnachtsbaum-Sirup schmeckt so ähnlich wie Grapefruit – vor allem, wenn man Fichte verwendet. Statt der grünen Farbe, die man erwarten würde, hat er einen orangenen oder hellrosa Ton. Für dieses Rezept können Tannen- oder Fichtennadeln verwendet werden – oder eine Mischung. Pinie kann ich hier nicht empfehlen, da sie einen sehr delikaten Geschmack hat, der von Zucker und Zitronen in den Schatten gestellt werden würde. Das Geschmacksprofil dieses Getränkesirups ist ziemlich umfangreich und peppig.**

**ERGIBT** 2 l Sirup

**DAUER** 2,5 Stunden

**AUSSTATTUNG** Glasflasche mit Deckel (2 l Fassungsvermögen)
feines Küchensieb
Küchentrichter

**ZUTATEN**
Abrieb von 4 Bio-Zitronen und Saft von 10
700 g Zucker
400 g Tannen- und/oder Fichtennadeln (für einen intensiveren Geschmack könnt ihr auch ein paar Zweige verwenden)

**ZUBEREITUNG** Die Glasflasche sterilisieren (siehe S. 15).

Zitronenabrieb und -saft, 2 l Wasser, den Zucker und die Weihnachtsbaumnadeln in einem großen Topf auf mäßig-hoher Stufe zum Kochen bringen. Die Temperatur auf schwache Stufe reduzieren und die Mischung 2 Stunden sanft köcheln lassen.

Den Topf vom Herd nehmen und den Sirup durch ein feines Sieb filtern, um die Nadeln zu entfernen. Ein paar Mal wiederholen, damit auch wirklich keine Nadeln zurückbleiben. Den fertigen Sirup durch einen Trichter in die Glasflasche füllen.

Abkühlen lassen und dann im Kühlschrank aufbewahren. Der Sirup ist einige Wochen haltbar.

*Auf der nächsten Seite findet ihr ein paar Cocktail-Rezepte mit diesem großartigen Sirup. Probiert es mal aus!*

# Cocktails mit Weihnachtsbaum-Sirup

**ERGIBT** jeweils ausreichend für 2 Cocktails

**DAUER** 15 Minuten (pro Drink)

**AUSSTATTUNG** Cocktail-Shaker oder Einmachglas mit Deckel

## Weihnachtsbaum-Sour

**ZUTATEN**

- 50 ml Weihnachtsbaum-Sirup (siehe vorige Seite)
- 100 ml Mineralwasser mit Kohlensäure
- 100 ml Bourbon oder eine alkoholfreie Spirituose wie Seedlip oder Smreka (siehe S. 113)
- 3 Tropfen Angosturabitter
- 1 großer Eiswürfel
- Saft von 2 Limetten

## Weihnachtsbaum-Mimosa

**ZUTATEN**

- 70 ml Weihnachtsbaum-Sirup (siehe vorige Seite)
- 140 ml Prosecco
- 1 großer Eiswürfel
- 1 Bio-Zitronenscheibe

**ZUBEREITUNG** Für einen der Cocktails jeweils alle Zutaten (Eis inklusive) in einen Cocktail-Shaker geben und 1 Minute kräftig schütteln.
In gekühlten Gläsern servieren.

# Weihnachtsbaum-Aufgüsse

**Weihnachtsbäume und immergrüne Nadelbäume kann man heutzutage eigentlich zur Bar-Grundausstattung zählen, denn ihre waldigen Aromen werden von Mixologen auf der ganzen Welt in Cocktails integriert. Aber das ist nichts Neues. Viele Bergvölker nutzen die Aromen von Fichte, Tanne und Wacholder bereits seit Generationen in alkoholischen Destillaten, z. B. Génépy aus den Alpen oder skandinavischem Schnaps. Und Wacholder ist natürlich eine der wichtigsten Komponenten von Gin.**

Auch diese Rezepte bieten, ähnlich wie der Weihnachtsbaum-Sirup, die Möglichkeit, alte, trockene Weihnachtsbäume zu verarbeiten. Hier kann außer den Nadeln auch die Rinde verwendet werden. Bereitet man diese aromatisierten Spirituosen in den Tagen nach Weihnachten zu, hat man bis ins neue Jahr ausreichend weihnachtlich-aromatisierten Alkohol. Ich schlage drei unterschiedliche Optionen für die Aufgüsse vor. Für jedes dieser Rezepte kann sowohl Fichte als auch Tanne oder Pinie verwendet werden, und als Alkohol zum Aromatisieren sind Gin oder Wodka gleichermaßen geeignet.

**ERGIBT** je 1 l Aufguss

**AUSSTATTUNG** 2 Einmachgläser oder Flaschen mit breitem Hals (je 1 l Fassungsvermögen)
feines Küchensieb

**GRUNDZUTATEN**
- 1 l hochwertiger Wodka oder Gin
- 2 große Handvoll Fichten-, Tannen- oder Pinienzweige

**ZUM AROMATISIEREN**
## Gewürz-Aufguss (gelingt am besten mit Tanne)

**BENÖTIGTE ZEIT** 4 Tage

**ZUTATEN**
- 1 TL Kardamomkapseln, zerstoßen
- 3 Zimtstangen
- 3 Sternanis

**ZUM AROMATISIEREN**
## Kräuter-Aufguss (gelingt am besten mit Fichte)

**BENÖTIGTE ZEIT** 1 Woche

**ZUTATEN**
- 1 kleine Handvoll Rosmarinzweige
- ½ TL Wacholderbeeren, zerstoßen
- 1 kleine Handvoll Salbeiblätter

**ZUM AROMATISIEREN**
## Belebender Aufguss (gelingt am besten mit Pinie)

**BENÖTIGTE ZEIT** 1 Woche

**ZUTATEN**
- Schale von ½ Bio-Zitrone
- Schale von ½ Bio-Orange
- 2,5 cm Ingwer, fein gehackt

**ZUBEREITUNG**

Die Einmachgläser sterilisieren und die Weihnachtsbaumzweige waschen (siehe S. 15). Da die Nadeln nicht von den Zweigen geschnitten werden, ist es sehr wichtig, sie sorgfältig zu säubern, da an der Rinde noch Schmutz haften könnte.

Die sauberen Zweige und die anderen Zutaten des jeweiligen Aufguss-Rezeptes in eines der beiden Einmachgläser füllen und den Wodka darübergießen.

Das Glas luftdicht verschließen und an einem dunklen Ort bis zu 1 Woche ziehen lassen (genauere Zeitangabe im jeweiligen Rezept). Der Alkohol wird im Laufe der Zeit eine gelbe, rote oder braune Farbe bekommen. Den Aufguss durch ein feines Sieb in das zweite sterile Einmachglas filtern und Zutatenreste entsorgen.

Einmal aromatisiert ist der Alkohol sehr lange haltbar.

# *Cocktails mit Weihnachtsbaum-Aufguss*

**ERGIBT** jeweils ausreichend für 2 Cocktails

**DAUER** 15 Minuten (pro Drink)

**AUSSTATTUNG** Cocktail-Shaker oder Einmachglas mit Deckel

**ZUTATEN**

## Cranberry-Martini mit Gewürz-Aufguss

- 70 ml Gewürz-Aufguss (siehe S. 105)
- 1 EL Orangenlikör
- 30 ml trockener Wermut
- 100 ml Cranberry-Saft

**ZUTATEN**

## Lemon-Fizz mit Kräuter-Aufguss

- 120 ml Kräuter-Aufguss (siehe S. 105)
- 60 ml Agavendicksaft oder Weihnachtsbaum-Sirup (siehe S. 102)
- Saft von 3 Zitronen
- 4 Bio-Eiweiß, verquirlt
- 1 Schuss Mineralwasser mit Kohlensäure

**ZUTATEN**

## Gurken-Cooler mit Belebendem Aufguss

- 130 ml Belebender Aufguss (siehe S. 105)
- 6 große Bio-Gurkenscheiben
- 150 g Eiswürfel
- 1 Schuss Tonic Water

**ZUBEREITUNG** Für einen Cocktail jeweils alle Zutaten (inklusive dem Eis für den Gurken-Cooler) in einen Cocktail-Shaker füllen und 1 Minute kräftig schütteln.

In gekühlten Gläsern servieren.

*Dies sind einige meiner Lieblingscocktails mit den Aufgüssen der vorigen Seite.*

# *Weihnachtsbaum-Shots*

**Wenn ihr daran erinnert werden möchtet, wie es war, achtzehn zu sein, dann sind diese Weihnachtsbaum-Gelee-Shots genau das Richtige für euch. Für die Zubereitung könnt ihr jeweils einen der alkoholischen Aufgüsse nach Belieben verwenden (siehe S. 105).**

**ERGIBT** 5 Gelee-Shots

**DAUER** 15 Minuten, plus 1 Stunde Gelierzeit

**AUSSTATTUNG**
Schneebesen
Formen (z. B. Eiswürfelform, Gelee-Förmchen oder kleine Gläser – und falls ihr die Shots als Dessert servieren möchtet, könnt ihr sie in Schnapsgläsern gelieren lassen)

**ZUTATEN**
- 250 ml Weihnachtsbaum-Aufguss nach Belieben (siehe S. 105)
- 1 TL Agar-Agar
- Fichten-, Tannen- oder Pinienzweige, sorgfältig gewaschen

**ZUBEREITUNG**

Den Alkohol in einem Topf kurz aufkochen.

Das Agar-Agar in eine Schüssel füllen. Den heißen Alkohol darübergießen und mit dem Schneebesen verquirlen, bis das Geliermittel vollständig aufgelöst ist.

In die gewählten Förmchen jeweils eine kleine Zweigspitze legen. Die Aufguss-Geliermittel-Mischung vorsichtig darübergießen und gelieren lassen.

Im Kühlschrank sind die Gelee-Shots bis zu 2 Wochen haltbar.

# Smreka

**Smreka ist ein fermentiertes Getränk aus Bosnien, das mit Wacholderbeeren zubereitet wird. Es ist gleichzeitig weihnachtlich und erfrischend – sodass es auch im Sommer serviert werden kann. Smreka kann extrem bitter schmecken, denn Wacholder hat viele medizinische Eigenschaften, und wenn die Fermentation zu lange dauert, schmeckt das Ergebnis so ähnlich wie zerstoßene Paracetamol-Tabletten. Ihr könnt die Smreka als alkoholfreie Alternative für Gin oder Wodka in den Cocktail-Rezepten auf den vorigen Seiten (siehe S. 103–109) verwenden.**

**ERGIBT** 2 l Smreka

**DAUER** 15 Minuten, plus 1–2 Wochen Fermentationszeit

**AUSSTATTUNG**
Einmachglas (à 2 l Fassungsvermögen) mit Deckel
ein paar sterile verschließbare Flaschen für die fertige Smreka-Mischung
feines Küchensieb
Küchentrichter

**ZUTATEN**
1 Bio-Zitrone, in Spalten geschnitten
75 g Wacholderbeeren
2 TL Zucker oder Honig

**ZUBEREITUNG**

Einmachglas und Flaschen sterilisieren (siehe S. 15). Zitronenspalten und Wacholderbeeren in das sterile Einmachglas füllen und 2 l Wasser darübergießen. Zucker zufügen.

Das Einmachglas sorgfältig verschließen und an einem sonnigen Platz 1–2 Wochen ziehen lassen, bis alle Wacholderbeeren auf den Glasboden gesunken sind. Zwischendurch ab und an schütteln.

Wie lange und an welchem Ort man die Wacholderbeeren fermentieren lässt, wirkt sich auf den Geschmack der Smreka aus. Eine zweiwöchige Fermentation in einer feuchten Küche führt z. B. zu einem bitteren Geschmack und 1 Woche an einem kühleren Ort sorgt für ein dezenteres Ergebnis.

Die hellgelbe, fertig fermentierte Flüssigkeit durch ein feines Sieb und mithilfe eines Trichters in beliebig viele sterile Flaschen füllen. Die Smreka bis zum Verzehr im Kühlschrank aufbewahren. Dort ist sie bis zu 1 Woche haltbar.

# Cocktails mit Smreka

**ERGIBT** ausreichend für 2 Cocktails

**DAUER** je 15 Minuten

**AUSSTATTUNG** Cocktail-Shaker oder Einmachglas mit Deckel

## Einfach so

Die Smreka einfach auf Eis servieren, mit einer Bio-Zitronenscheibe und ein paar Wacholderbeeren als Garnitur.

## Holunderblüten, Smreka & Champagner

**ZUTATEN**

- 70 ml Champagner
- 30 ml Holunderblütensirup
- 50 ml Smreka (siehe S. 113)
- ein paar Eiswürfel

## Alkoholfreier Smreka-Mule

**ZUTATEN**

- 1 kleines Bund Minze, die Blätter gehackt
- 30 ml frisch gepresster Zitronensaft
- 30 g Honig
- 50 ml Smreka
- 50 ml Ginger Beer (nach Belieben mit Alkohol)
- ein paar Eiswürfel

**ZUBEREITUNG** Für zwei Cocktails jeweils alle Zutaten (inklusive dem Eis) in einen Cocktail-Shaker füllen und 1 Minute kräftig schütteln.

In gekühlten Gläsern servieren.

*Der bittere, erfrischende Geschmack von Smreka ist gut für die Zubereitung von Cocktails geeignet und daher ist das Getränk eine großartige Alkohol-Alternative, auch dank seiner Ähnlichkeit mit Gin.*

# Weihnachtsbaumtee

**Weihnachtsbaumtee kommt einem mit als Erstes in den Sinn, wenn man darüber nachdenkt, was man nach den Feiertagen mit Weihnachtsbaumzweigen machen kann. Während unserer Nachforschungen für den How-to-Eat-Your-Christmas-Tree-Kochtreff war das Aufbrühen der Nadeln eine der ersten Zubereitungsmethoden, die wir ausprobierten. Pinie, Tanne und Fichte enthalten viel Vitamin C, ihre Nadeln einfach mit kochendem Wasser aufzubrühen, führt aber nicht zu einem besonders interessanten Geschmackserlebnis. Pinie schmeckt sehr dezent, mit delikatem, warmem Aroma. Falls ihr keine Pinie, Tanne oder Fichte dahabt, könnt ihr auch bereits getrockneten und zum Aufbrühen bereiten Pinientee oder Olivenblättertee kaufen.**

**ERGIBT** ausreichend für 1 Teekanne (etwa 650 ml)

**DAUER** 10 Minuten

**ZUTATEN**

- 1 Handvoll Pinien-, Tannen- oder Fichtennadeln
- Saft von 1 Zitrone
- 30 ml Honig

**ZUBEREITUNG**

Die Nadeln vorbereiten (siehe S. 15).

Die Weihnachtsbaumnadeln in die Teekanne geben, mit frisch gekochtem Wasser aufbrühen und 6 Minuten ziehen lassen.

Zum Servieren in jede Tasse 1 Spritzer Zitronensaft und 2 TL Honig geben. Den frisch gebrühten Tee darübergießen und genießen.

# Skandinavische Geschmacksknospen

*von Amanda Skaar*



Wer sich Skandinavier als naturliebende Outdoor-Menschen vorstellt, liegt gar nicht so falsch. Eine Studie von Professor Fereshteh Ahmadi von der Universität Gävle hebt die »Natur« als wichtigstes Glaubenssystem der Schweden hervor[1] – tatsächlich ersetzt sie heutzutage für viele Schweden die Religion. In der gleichen Studie wurde der Umgang von 2400 Krebspatienten mit ihrer Erkrankung untersucht: 68 Prozent gaben an, sich der Natur zuzuwenden, während nur 14 Prozent in die Kirche gingen. Das deutet darauf hin, dass die schwedische Gesellschaft sich daran gewöhnt hat, in Lebenskrisen Kraft und Trost in der Natur zu suchen.

In Norwegen, das in den Jahren 2017[2] und 2019 das weltweite Glücksbarometer anführte, hat man ebenfalls eine besondere Beziehung zur freien Natur.
Aktuelle Recherchen der Zeitung *Dagsavisen*[3] ergaben, dass 9 von 10 Norwegern Interesse an Aktivitäten in der Natur haben und dass 8 von 10 die Vorteile der Natur vor ihrer Haustür nutzen, indem sie spazieren gehen, Ski fahren oder anderen Freizeitaktivitäten an der frischen Luft nachgehen.

*Harvest*, ein norwegisches Magazin, das der Verbindung der Menschen mit der Natur gewidmet ist, berichtet häufig von solchen Aktivitäten und führt Interviews mit Einheimischen, die ihren Frieden darin gefunden haben, ihre Zeit draußen zu verbringen. Die norwegische Wissenschaftlerin Åse Dragland hat nachgewiesen, dass der Kontakt mit Grünflächen und Tieren eine grundlegende Notwendigkeit für die Bürger Norwegens ist, nicht nur für die Gesundheit, sondern auch für ein Gefühl der Zugehörigkeit und um einen Sinn im Leben zu sehen. Sie entdeckte außerdem, dass Kinder in einer ländlichen oder grünen Umgebung besser mit Stress umgehen konnten. Und auch Kinder, die Mobbing, Trennungen in der Familie oder einen Umzug erlebten, fanden mehr Trost und Stabilität, wenn sie direkten Zugang zur Natur hatten.

Einer der Hauptgründe dafür, dass Skandinavien verstärkt zum Ziel für Touristen wurde, sind nicht nur die dort bereits seit Jahrtausenden existierenden Naturwunder, sondern auch die aktuellen Innovationen, welche die Natur durch Lebensmittel, Architektur und ganzheitliche Erfahrungen zelebrieren. Snøhetta, ein norwegisches Architekturbüro, wurde kürzlich vom Magazin *Fast Company* in einer Liste der Top Innovatoren 2019 aufgeführt und wird häufig für die Fähigkeit gelobt, die Verbindung von Menschen zur Natur zu fördern. Zu einigen der Innovationen dieser Firma gehören in die Waldlandschaft integrierte

Retreat Cabins als Rückzugsorte während des Krankenhausaufenthalts, Hotelzimmer hoch oben in den Baumspitzen und, ganz aktuell, ein Restaurant unter Wasser. Skandinavische Köche bekommen weiterhin große Anerkennung für ihre Fähigkeit, in einer trockenen, kalten und nicht besonders abwechslungsreichen Umgebung mit regionalen Lebensmitteln zu arbeiten. René Redzepi und Mads Refslund sind z. B. dafür bekannt, Fichte, Moos und andere einheimische Lebensmittel in Salaten zu verwenden, sie einzumachen oder Cocktails und Sirups damit zu aromatisieren. Dieser Wunsch, die Natur für unser eigenes Wohlbefinden zu nutzen, findet auch auf einer viel kleineren Ebene im Alltag der Skandinavier statt.

Meine Großmutter, Maj-Britt, hatte immer eine enge Verbindung zur Natur. Als junge Frau führte sie ihren eigenen Laden und verkaufte dort selbst gemachte Produkte, die sie aus Dingen wie Roggenstroh hergestellt hatte, regional und handwerklich produzierte Textilien und Haushaltswaren sowie die Landschaftsgemälde meines Großvaters, in denen er Dalsland (die Region, in der sie lebten) abbildete.

Mit 50 Jahren begann meine Großmutter beim Kochen zu experimentieren und zu verarbeiten, was der Wald ihr bot. Mehrere Reisen an die französische Riviera in den 1950er-Jahren, auf denen sie für meinen Großvater und seine Maler-Entourage gekocht hatte, während sie den Sommer in Salernes verbrachten, hatten sie inspiriert. Regionale und handwerklich gefertigte Lebensmittel spielen in der französischen Küche in der Regel eine wichtige Rolle und Maj-Britt übertrug diese Philosophie auf die regionale Küche von Dalsland. Ihre Dinnerpartys waren bald legendär. Sie entwickelte Rezepte mit den Zutaten, die sie auf ihren Streifzügen durch den Wald fand, und konnte – dank ihres weitreichenden Wissens über Pilze – ohne Probleme rasch etwas kochen, mit den Zutaten, die in der Nähe wuchsen: Wilde Erdbeeren, Rhabarber und Holunderblüten tauchten regelmäßig in Desserts auf und herzhafte Gerichte enthielten immer auch eine Prise Steinpilze und Pfifferlinge. In ihrem Pilzkorb fanden sich in der Regel ein paar Fichtenzweige vom letzten Ausflug in den Wald, und wenn sie einmal kein großes Interesse hatte, in der Natur nach Lebensmitteln zu suchen, dann kaute sie auf den Fichtensprossen – limettengrün, weich, zitronenfrisch und bezaubernd: »Jedes Frühjahr, wenn ich einen meiner kleinen

*»Jedes Frühjahr, wenn ich einen meiner kleinen Spaziergänge durch den Wald mache, zupfe ich die frischen Fichtensprossen von den Zweigspitzen, um darauf zu kauen … vielleicht waren es diese grünen Sprossen, die meinem Körper den kleinen Extraschub gegeben haben, um dieses Jahr meinen 90. Geburtstag feiern zu können?«*

Spaziergänge durch den Wald hinter unserem Haus mache, zupfe ich die frischen Fichtensprossen von den Zweigspitzen, um darauf zu kauen – ganz einfach, weil sie so gut schmecken. Ich fing erst nach meinem 50. Geburtstag an, Fichten zu essen, als ich nach Flatebyn zog, und niemand hatte mir davon erzählt. Ich wusste einfach, ähnlich wie bei bestimmten Pilzen, dass sie mich nicht vergiften würden, und dachte, dann könnte ich sie ebenso gut probieren. Die sogenannten Superfoods, die man im eigenen Garten finden kann, haben mich schon immer interessiert – vielleicht waren es diese grünen Sprossen, die meinem Körper den kleinen Extraschub gegeben haben, um dieses Jahr meinen 90. Geburtstag feiern zu können?«

Und es ist nicht nur die schwedische Seite meiner Familie, die eine Vorliebe für Fichten entwickelt hat. Mein norwegischer Cousin Olav nutzt ihren grasähnlichen, frischen Geschmack auch beim Kochen. Nachdem er Langsrud geerbt hatte, den Bauernhof seiner Familie, setzte Olav einen verstärkten Fokus auf Selbstversorgung. Er schaffte mehr Hühner und Schafe für den Hof an, bepflanzte die Felder neu und machte sich auf die Suche nach Nahrungsquellen im eigenen Wald. Er führte die Tradition fort, den eigenen Weihnachtsbaum zu fällen, und begann eines Frühlings damit zu experimentieren, wie er seine Nadelbäume noch verwenden könnte. Die schönen, neuen Fichtensprossen zogen ihn an – genauso wie meine Großmutter in einem anderen Teil Skandinaviens. Nachdem er viel über die Vorteile von Fichten gelesen hatte, fing Olav mit dem Rezeptetesten an. Bald entdeckte er, dass seine Tochter Alma ein großer Fan seines Fichten-Sirups war – vor allem, wenn er auf ihren Frühstückspfannkuchen oder norwegischen Waffeln serviert wurde. »Meine Frau und ich waren richtig glücklich darüber, dass die Kleine den Fichten-Sirup löffelweise verzehrte, denn offenbar wirkt er gut gegen Erkältungen – bisher hat das funktioniert!« In beiden Fällen übte Fichte eine gewisse Anziehung auf Mitglieder meiner Familie aus, die durch zwei Generationen getrennt waren, und ich bin mir sicher, dass es vielen weiteren Skandinaviern ebenso geht. Bevor das Christentum zur vorherrschenden Religion wurde, waren die Skandinavier tatsächlich große Baum-Anbeter. Wir verehrten viele Götter, die sich in der Natur wiederfanden. Besonders Fichten waren wichtige Bäume, galten als heilig und wurden in vielen altnordischen und samischen Ritualen verwendet. In Anbetracht der beiden Geschichten aus meiner Familie frage ich mich, ob dieses angeborene Verständnis der köstlichen Dinge, die wir auf dem Waldboden finden – die köstlichen Moose, die auf Baumstämmen wachsen, die Beeren, die wir aus hohem Gestrüpp pflücken und die hellgrünen Sprossen, die im Frühling für uns aufblühen – nicht Teil einer tief verwurzelten Weisheit sind. Vielleicht besitzen wir ein Muskelgedächtnis dieser Rituale, das aus einem DNA-Strang stammt, den wir mit unseren Vorfahren teilen, die ebenfalls von der Schönheit dieser widerstandsfähigen Bäume und diesem scheinbar kargen, aber großzügigen Land gebannt waren.

# Wo kann ich einen essbaren Weihnachtsbaum kaufen?

**Deutschland**
bvwe.de

**Österreich**
weihnachtsbaum.at

**Schweiz**
suisse-christbaum.ch

**Belgien**
uap.be

**Frankreich**
afsnn.fr

**Tschechische Republik**
vanocnistromek.cz

**Polen**
orfo.pl

**Norwegen**
norskjuletre.no

**Dänemark**
christmastree.de

**Schweden**
In Stockholm werden die Bäume recycelt und in Pflanzenkohle verwandelt, die wiederum für Wiederbepflanzungen eingesetzt wird, um die Kohlenstoffemissionen der Stadt auszugleichen.

**Großbritannien**
British Christmas Tree Growers Association
bctga.co.uk

**Irland**
christmastreesireland.com

**Portugal**
Pinien, die von der Feuerwehr des Landes gefällt wurden, um Waldbrände zu verhindern, können gemietet werden. Nach den Feiertagen holt die Feuerwehr den Baum dann wieder ab und verwandelt ihn in Mulch für landwirtschaftliche Projekte.
https://www.facebook.com/pinheirobombeiro.pt

**Allgemeine Informationen Europa**
The Christmas Tree Growers Council of Europe
ctgce.com

**Kanada**
canadianchristmastrees.ca

**USA**
National Christmas Tree Association
realchristmastrees.org

# Anmerkungen

***Wenn wir keine Weihnachtsbäume mehr fällen würden – Statistik zu den Seiten 24–25**

Weltweit gibt es 3 Trillionen Bäume,[1] 170 Billionen von ihnen droht die Zerstörung. Es wird geschätzt, dass alleine in den USA[2] und Großbritannien[3] jedes Jahr um die Weihnachtszeit 40 Millionen Bäume gefällt werden.[4] Diese Weihnachtsbäume werden nach durchschnittlich 7–10 Jahren Wachstum abgeholzt. Die Lebenserwartung eines Baumes liegt hingegen bei 400 Jahren und ein Baum kann während seiner Lebenszeit bis zu 22 Tonnen Kohlenstoffdioxid ($CO_2$) speichern[5] – 22 Tonnen mal 40 Millionen ergibt 880 Millionen Tonnen $CO_2$, die gespeichert werden können, wenn in einem Jahr keine Weihnachtsbäume gefällt werden würden. Im Jahr 2017 produzierten alle Flüge weltweit 859 Millionen Tonnen Kohlenstoffdioxid.[6] Das sind 21 Millionen Tonnen weniger als 880 Millionen, d. h. unsere Weihnachtsbäume könnten potenziell das Äquivalent des $CO_2$-Ausstoßes von einem Jahr der weltweiten Flüge speichern. Auf den Straßen des Vereinigten Königreichs sind 38,2 Millionen Autos unterwegs[7] und ein typischer PKW stößt pro Jahr 4,6 Tonnen Kohlendioxid aus[8] – 4,6 Tonnen mal 38,2 Millionen Autos gleicht 175.720.000 Tonnen $CO_2$-Ausstoß der Autos im Vereinigten Königreich pro Jahr. Das heißt, dass die jährlich in den USA und im Vereinigten Königreich gefällten 40 Millionen Weihnachtsbäume das Potenzial haben, 20 Prozent des jährlichen $CO_2$-Ausstoßes aller Autos im Vereinigten Königreich zu speichern.

# *Danksagungen*

Danke Lauren, dass du einverstanden warst, mit mir Bäume zu essen!
Danke an all die neugierigen Menschen, die über die Jahre bei meinem Kochtreff waren, um mit mir Weihnachtsbaumgerichte auszuprobieren.
Danke an Charlotte, die mich mit Bäumen zum Essen versorgt hat.
Vielen Dank an Richard Brendon (London), dass er mir einige seiner schönen Glaswaren geliehen hat.
Vielen Dank an alle Mitarbeiter von Hardie Grant und an Sophie Yamamoto für das Auffrischen des Designs für diese neue Ausgabe.
Und bei den Bäumen möchte ich mich dafür bedanken, dass sie so gut schmecken.

**Mitarbeiter & Beitragende**
Durchgelesen und mir ihre Meinung mitgeteilt haben: Isla Binnie, Nadia Demosthenous, Zoe Georgallis, Karolina Klermon Williams, Sim Pereira-Madder und Molly Feely.

»Pinienduft«: Text von Julia Georgallis/Fotos Carmel King.

»Skandinavische Geschmacksknospen«: Text von Amanda Skaar. Amanda ist Halb-Norwegerin und Halb-Schwedin und arbeitet zur Zeit für Google in Dublin. Zuvor hat sie für das International Chamber of Commerce in Paris im Bereich Geschäftspolitik und Verantwortung gearbeitet.

# Über die Autorin

Julia Georgallis ist Bäckerin und Produktdesignerin. Im Jahr 2014 machte sie ihren Abschluss am Londoner Royal College of Art, um dann erst mal für einige Zeit als Bäckerin zu arbeiten. In ihrer Arbeit beschäftigt sie sich mit dem Essen als Designlösung und pädagogischem Werkzeug.

Dieses Projekt findet ihr unter #howtoeatyourchristmastree auf Instagram.
Mehr Informationen unter juliageorgallis.co.uk.

# Literaturangaben

**Einführung, S. 8–12**

**1.** The Intergovernmental Panel on Climate Change, 2018, Global Warming of 1,5 °C, aufgerufen am 14. November 2018, www.ipcc.ch/sr15/.

**2.** Watts, J., 2018, ›We have 12 years to limit climate change catastrophe, warns UN‹, *The Guardian*, aufgerufen am 8. Oktober 2018, www.theguardian.com/environment/2018/oct/08/global-warming-must-not-exceed-15c-warns-landmark-un-report.

**3.** BBC News, 2019, ›UK Parliament declares climate change emergency‹, aufgerufen am 1. Mai 2019, www.bbc.co.uk/newsvwww.bbc.com/news/uk-politics-48126677.

**4.** Wohlleben, P., 2017, *The Hidden Life of Trees*, Harper Collins, S. 93.

**5.** UK Government, 2018, ›Plant a Tree Campaign‹, aufgerufen am 23. Januar 2019, www.london.gov.uk/what-we-do/environment/parksgreen-spaces-and-biodiversity/plant-tree/.

**6.** Watts, J., 2019, ›Amazon fires: what is happening and is there anything we can do?‹, *The Guardian*, aufgerufen am 23. August 2019, www.theguardian.com/environment/2019/aug/23/amazon-fires-what-is-happening-anything-we-can-do.

**7.** BBC News, 2018, ›Is the Amazon facing new dangers?‹, aufgerufen am 24. November 2018, https://www.bbc.com/news/world-46030592.

**8.** Bastin, J., Finegold, Y., Garcia, C., Mollicone, D., Rezende, M., Routh, D., Zohner, C. M., Crowther, T. W., 2019, 'The global tree restoration potential', *Science Journal*, Vol. 365, Issue 6448, S. 76–79.

**9.** Young, E., 2012, ›Gut instincts: The secrets of your second brain‹, *New Scientist*, aufgerufen am 18. November 2018, www.newscientist.com/article/mg21628951-900-gut-instincts-thesecrets-of-your-second-brain/.

**10.** Bonneau, A. M., 2019, ›Environmental Guilt Syndrome‹, aufgerufen am 3. März 2019, www.zerowastechef.com/2019/02/14/how-to-cope-withenvironmental-guilt-syndrome-egs/.

**Wie finde ich einen guten Baum zum Essen?, S. 14**
**1.** Wendle, J., 2017, ›Gravity-Defying Villagers Risk Their Lives for Christmas Trees‹, *National Geographic*, aufgerufen am 21. Februar 2017, www.nationalgeographic.com/news/2017/12/georgiamountains-christmas-tree-harvesting-fair-trees-danger/.

**Vegetarische Weihnachten, S. 18**
**1.** Jack, I., 2016, ›Christmas the season of goodwill to all men and cruelty to animals‹, *The Guardian*, aufgerufen am 21. Februar 2020, www.theguardian.com/commentisfree/2016/dec/17/christmasseason-goodwill-cruelty-animals-vegetarians.
**2.** Guyoncourt, S., 2019, ›The end of Christmas turkey? Waitrose reports 40 % rise in vegan festive food‹, inews, aufgerufen am 21. Februar 2020, www.inews.co.uk/inews-lifestyle/food-and-drink/christmasdinner-vegan-food-waitrose-1343981.

**Pinienduft, S. 77–81**
**1.** Wohlleben, P., 2017, *The Hidden Life of Trees*, Harper Collins, S. 155.
**2.** Lawless, J., 1994, *Aromatherapy and the Mind*, Thorsons, Introduction xii.
**3.** Lawless, J., 1994, *Aromatherapy and the Mind*, Thorsons, S. 15.
**4.** Bricusse, L., Newley, A., 1964, 'Feelin' Good,' geschrieben für das Musical ›The roar of the greasepaint, the smell of the crowd‹.
**5.** Lawless, J., 1994, *Aromatherapy and the Mind*, Thorsons, S. 198.
**6.** Lawless, J., 1994, *Aromatherapy and the Mind*, Thorsons, S. 198.
**7.** Wohlleben, P., 2017, *The Hidden Life of Trees*, Harper Collins, S. 156.
**8.** Lawless, J., 1994, *Aromatherapy and the Mind*, Thorsons, S. 51.
**9.** Wohlleben, P., 2017, *The Hidden Life of Trees*, Harper Collins, S. 148.
**10.** Wohlleben, P., 2017, *The Hidden Life of Trees*, Harper Collins, S. 7.
**11.** Lawless, J., 1994, *Aromatherapy and the Mind*, Thorsons, S. 66.
**12.** Süskind, P., 2010, *Perfume: The Story of a Murderer*, Penguin, S. 155.

**Skandinavische Geschmacksknospen, S. 121–123**
**1.** Sjodin, A., 2015, ›Ny forskning: Naturen som en religion för svenskar‹, aufgerufen am 4. März 2019, www.arbetarbladet.se/artikel/ny-forskning-naturen-somen-religion-for-svenskar.
**2.** World Happiness Index 2017, aufgerufen am 1. März 2019, worldhappiness.report/ed/2017/.
**3.** Sandberg, T., 2012, ›Nordmenn elsker friluftsliv‹, aufgerufen am 1. März 2019, www.dagsavisen.no/innenriks/nordmenn-elskerfriluftsliv-1.474353.

**Wenn wir keine Weihnachtsbäume mehr fällen würden – Statistik S. 129**
**1.** The Trillion Tree Campaign, aufgerufen am 3. November 2018, www.trilliontreecampaign.org.
**2.** The National Christmas Tree Association, aufgerufen am 3. November 2018, https://realchristmastrees.org/.
**3.** The British Christmas Tree Growers Association, aufgerufen am 15. März 2019, www.bctga.co.uk.
**4.** Quick Tree Facts, aufgerufen am 24. November 2018, www.realchristmastrees.org/dnn/Education/Quick-Tree-Facts.
**5.** Wohlleben, P., 2017, *The Hidden Life of Trees*, Harper Collins, S. 93.
**6.** The Air Transport Action Group, aufgerufen am 15. März 2019, www.atag.org.
**7.** RAC (UK), aufgerufen am 15. März 2019, www.racfoundation.org/data.
**8.** The US Environmental Protection Agency, aufgerufen am 15. März 2019, www.epa.gov.

**Hinweise**
• Löffelmaßangaben: Falls nicht anders angeführt, sind stets gestrichene Löffel gemeint. EL und TL sind Abkürzungen für Esslöffel und Teelöffel.
• Backofen: Der Ofen sollte stets auf die angegebene Temperatur vorgeheizt werden. Diese gilt für konventionelle Backöfen mit Ober-/Unterhitze. Beim Backen und Garen mit Umluft muss die Temperatur jeweils um etwa 20 °C reduziert werden. Backen und garen Sie stets in der Ofenmitte und belegen Sie Backbleche mit Backpapier.
• Hygiene: Achten Sie bei der Zubereitung von rohem Fleisch auf peinliche Hygiene. Waschen Sie benutzte Schneidebretter, Messer, Arbeitsflächen und Ihre Hände nach Gebrauch sorgfältig heiß ab. Fleisch und Gemüse nie auf demselben Schneidebrett verarbeiten.
• Wenn nicht anders angegeben, Eier der Größe M verwenden.
• Obst und Gemüse vor der Verarbeitung immer waschen, putzen oder bei Bedarf schälen.

# *Register*

Deutsche Erstausgabe

1. Auflage 2021

Bauhof 1, 90556 Cadolzburg

www.arsvivendi.com

Deutsche Übersetzung: Carla Gröppel-Wegener
Lektorat: Denise Maurer
Satz: Christine Richert, typoholica.de

ISBN 978-3-7472-0292-0

First self-published in 2019 by Julia Georgallis
This hardback edition Published in 2020 by Hardie Grant Books, an imprint of Hardie Grant Publishing

Hardie Grant Books (London)
5th & 6th Floors
52–54 Southwark Street
London SE1 1UN



Publishing Director: Kate Pollard
Commissioning Editor: Kajal Mistry
Editors: Eila Purvis and Alexandra Lidgerwood
Design and Art Direction: original book, Maru Studio, this hardback edition, Sophie Yamamoto
Illustrations: Maru Studio (chapter openers), Jessica Hart (cover and pages 24–25), © photoiget/Adobe Stock (page 30), © derbisheva/Adobe Stock (pages 31, 32, 33), @ elyaka/Adobe Stock (page 32)
Recipe Photographer: Lizzie Mayson
Food Stylist: Tamara Vos
Prop Stylist: Louie Waller
Copy Editor: Lisa Pendreigh
Proofreader: Sarah Herman
Indexer: Cathy Heath

Colour reproduction by p2d
Printed and bound in China by Leo Paper Products Ltd.

MIX
Paper from responsible sources
FSC™ C020056
FSC www.fsc.org